DIGITALSCHATTEN

CHRISTIAN HUCK

DIGITALSCHATTEN

Das Netz und die Dinge

Dieses Buch handelt davon, wie viel Aufwand und Zeit nötig, wie viel Welt und Materie erforderlich sind, um digital zu sein.

Textem Verlag

Kleiner Stimmungs-Atlas in Einzelbänden
Hg. Gustav Mechlenburg, Nora Sdun
Gestaltung: Christoph Steinegger/Interkool
Korrektur und Lektorat: Textem

Bd. 25 – D: Digitalschatten. Das Netz und die Dinge
Christian Huck

Druck: Kerschoffset d.o.o.
ISBN 978-3-86485-137-7
www.textem-verlag.de

Gedruckt mit einem Zuschuss des
Collegium Philosophicum der CAU Kiel

INHALT

I.
EVER LEVEL

CONTAINERISIERUNG ALS DIGITALISIERUNG

KOLLISION IM NEBEL

Wer das Digitale begreifen will, muss verstehen, was die Digitalisierung ans Licht bringt und was sie in den Schatten stellt; wer den Schatten des Digitalen erforschen will, muss im Trüben fischen. Bevor ich also zu Twitter, Glasfaserkabeln, Smartphones, Apps und Touchscreens komme, gehe ich zurück in die norddeutsche Tiefebene der 1980er Jahre, und damit auch in meine eigene Vergangenheit.

Auf der Elbe vor Cuxhaven konnte man am Vormittag des 25. November 1983 kaum mehr als 500 Meter weit sehen. Flussaufwärts, in Richtung Hamburger Hafen, war die 140 Meter lange *Ever Level* unterwegs, ein Vollcontainerschiff aus Taiwan; der Kapitän des Schiffs hatte das Kommando gerade an seinen 3. Offizier und einen erfahrenen norddeutschen Lotsen übergeben – und sich erschöpft zurückgezogen. In Tokio und Osaka, Busan in Südkorea, Keelung und Kaohsiung in Taiwan, Hongkong, Singapur und Klang in Malaysia hatte das Schiff Container eingesammelt, um diese in Le Havre, Felixstowe, Rotterdam, Bremerhaven und Hamburg wieder abzuladen. Gut 12.500 nautische

Meilen, mehr als einmal um die halbe Welt, war man unterwegs gewesen.

Elbabwärts in Richtung Zeebrügge, der *Ever Level* entgegen, fuhr das brasilianische Motorschiff *Itapagé*, mit 10.844 Bruttoregistertonnen Ladevolumen nicht einmal halb so mächtig wie die *Ever Level*. Die brasilianische Staatsrederei Lloyd Brasileiro hatte das Schiff Anfang der 1970er Jahre als eines von insgesamt zwölf Ita-Linienfrachtern auf heimischen Werften bauen lassen. Doch schon nach nicht einmal einem Jahrzehnt waren konventionelle Frachter zum Auslaufmodell geworden: Der weltweite Warenverkehr ging immer weniger in Form von Stückgut vor sich, sondern zunehmend mithilfe von Containern. Ab 1980 wurde die *Itapagé* daher zusammen mit fünf Schwesterschiffen bei der Thyssen Nordseewerke AG Emden um 16 Meter verlängert und zum Semi-Containerschiff umgebaut, wie das Branchenblatt *Schiffahrt International* berichtet.[1] Die *Itapagé* war am 23. November um 19.55 Uhr in den Hamburger Hafen ein- und zwei Tage später um 8.55 Uhr wieder ausgelaufen. Ungeplant musste die *Itapagé* bereits am Nachmittag desselben Tags wieder in denselben Hafen zurückkehren. Schuld daran war die *Ever Level*.

Auf der Elbe vor der *Ever Level* verringerte gegen 11.40 Uhr das sowjetische RoRo-Schiff *Ivan Derbenyev* das Tempo, um seinerseits einen Lotsen

1) Jürgen Dobert, »Im Falle Ever-Level/Itapage«, *Schiffahrt International* 5 (1984), S. 173–176, hier S. 173

an Bord zu nehmen. Um keine Zeit zu verlieren, setzte die *Ever Level* zum Überholvorgang an. Dabei geriet das Schiff jedoch wesentlich weiter auf die Nordseite der Elbe, die eigentlich dem Verkehr stromabwärts vorbehalten ist, als gewöhnlich und blieb dort auch deutlich länger als nötig. Als 500 Meter vor der *Ever Level* die *Itapagé* aus dem Nebel auftauchte, war es bereits zu spät. Unaufhaltsam glitten die beiden Schiffe fast eine Minute lang aufeinander zu, kein Ausweichmanöver hatte mehr Erfolg. Um 11.59 Uhr und 10 Sekunden, so wird später bei der Verhandlung vor dem Seeamt bekannt, lässt der Radarlotse an Land den Schiffslotsen an Bord wissen: »Du, Jürgen, es knallt!« Um exakt 12 Uhr mittags bohrte sich der Bug der *Itapagé* in die Steuerbordseite der *Ever Level*. Bang!

DIGITAL TRIFFT ANALOG

Dabei prallten auf der Elbe nicht nur zwei Schiffe von entgegengesetzten Enden der Welt aufeinander, die *Ever Level* aus Taiwan und die *Itapagé* aus Brasilien, sondern gleichsam Zukunft und Vergangenheit der internationalen Schifffahrt, das heißt ein ehemaliger Stückgutfrachter, der lose Ware selbst an Bord nahm, und ein Vollcontainerschiff, das von riesigen Hafenkränen genormte Behälter auf- und abgeladen bekommt. Nichts hat eine weltweite multimodale Logistik per Schiff, Bahn und Lastwagen so vorangetrieben wie der Durchbruch des Containerverkehrs: »The container is at the core of a highly

Die *Ever Level* in Schieflage

EVER LEVEL
KEELUNG

automated system for moving goods from anywhere, to anywhere, with a minimum of cost and complication on the way«, heißt es dazu in Marc Levinsons wirtschaftswissenschaftlichen Standardwerk *The Box: How the Shipping Container Made the World Smaller and the World Economy Bigger*.[2] Das Container-System stellt die materielle Infrastruktur für einen reibungslosen Warenfluss bereit, den man gemeinhin Globalisierung nennt: »from anywhere, to anywhere«.[3] Was mich interessiert, ist, was im Schatten dieses Aufstiegs geschieht: Container, so werden wir sehen, machen Güter unabhängig von spezifischen Transportmedien, indem sie den Dingen ihre spezifische Materialität entziehen; man könnte sagen: sie digitalisieren.

»Zwar scheint die Zeit der ungewöhnlichen Steigerungsraten von 25 % jährlich (das war der Durchschnitt der Jahre 1970–1981) im Containerumschlag endgültig vorbei«, so *Schiffahrt International* im Frühjahr 1984, »aber für den Containerverkehr gilt weiterhin die Devise: Der Vormarsch der Kisten ist nicht zu bremsen.«[4] Erstmals

2) Marc Levinson, *The Box: How the Shipping Container Made the World Smaller and the World Economy Bigger* (Princeton: Princeton University Press, 2006), S. 2

3) Siehe David Morley, *Communications and Mobility. The Migrant, the Mobile Phone and the Container Box* (Hoboken, NJ: Wiley-Blackwell, 2017), S. 198–231

4) »Hamburg, und im Jahre 1984 weiter aufwärts«, *Schiffahrt International* 5 (1984), S. 178–179

wurden 1984 über eine Million Containereinheiten im Hamburger Hafen umgeschlagen. Dabei ist es kein Zufall, dass die *Ever Level* aus Taiwan kam: »Bedeutendstes Fahrtgebiet ist (...) nach wie vor Ostasien«, betont die Zeitschrift weiter. Durch den Container konnten asiatische Konsumprodukte zur Normalität in europäischen Geschäften werden; erst jetzt konnten die Transportkosten so weit gedrückt werden, dass die Waren aus Fernost auf den europäischen Märkten konkurrenzfähig wurden.

Seit Beginn der 1970er hatte sich auch der Hamburger Hafen auf den Containerverkehr eingestellt, zuerst noch zögerlich, dann mit vollem Elan. Damit der globale Warenfluss reibungslos ablaufen konnte, war 1982 DAKOSY in Hamburg eingeführt worden, ein DAtenKOmmunikationsSYstem, das den zeitraubenden Umgang mit papierenen Frachtbriefen und Konnossementen unnötig machen sollte: »DAKOSY bringt Formulare auf Container-Tempo«, wirbt eine Broschüre zur Einführung des Systems.[5] Damit jeder Container an seinen Bestimmungsort kommt, ist er mit einem zentral vergebenen Code ausgestattet; maschinenlesbar findet der Container dank DAKOSY schnell seinen Weg, indem er sowohl den händischen Umschlag von Stückgut unnötig macht als auch das manuelle Verfassen von Transportpapieren.

5) Werner Klugmann, *Hafen Hamburg – Datenkommunikationssystem: Dakosy* (Hamburg: Hamburg-Information, 1982), o. S.

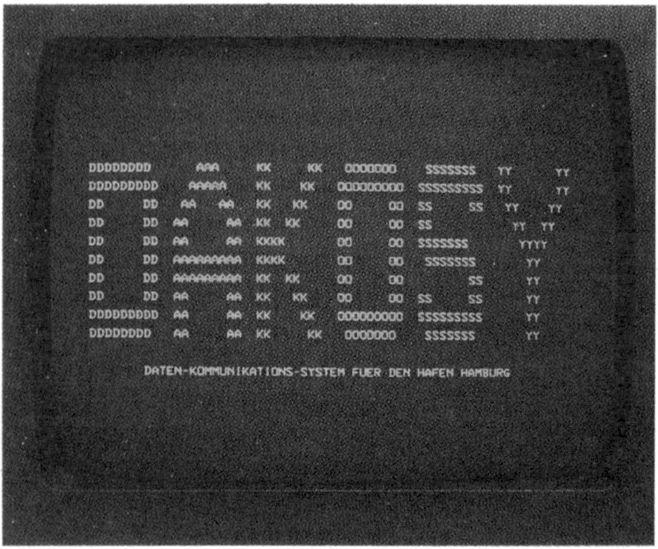
DATEN-KOMMUNIKATIONS-SYSTEM FUER DEN HAFEN HAMBURG

Für die Betreiber des Hamburger Hafens sind es entsprechend »zwei Seiten der gleichen Medaille: modernste Transporttechnik – elektronisch gesteuerter ›Papierkrieg‹«.[6] Im gleichen Moment, in dem die Waren in den Containern verschwinden und damit zumindest ihre wahrnehmbare Materialität verlieren, verschwindet auch das Papier als Träger der Kommunikation: Transport und Kommunikation, Waren- und Datenverkehr werden im Gleichschritt digitalisiert. »Im Idealfall verhalten sich die Container wie Bits«, erklärt der Medienwissenschaftler Alexander Klose in seinem Buch über *Das Container-Prinzip*, »indem sie wie auf Datenleitungen über Land und Meer prozessieren.«[7] Digitale Datenverarbeitung und Containerlogistik haben das gleiche Ziel: Alle unterschiedlichen Erscheinungsformen sollen in ein standardisiertes Medium überführt werden, damit der Transport von Daten und Waren möglichst ohne Hindernisse vor sich gehen kann, unsichtbar vor aller Augen um die ganze Welt. Dabei verdrängt das Digitale das Analoge aber nicht wirklich: Letzteres verschwindet nur in seinem Schatten. Dass dabei etwa 3,5 Tonnen Metall pro Container extra bewegt werden müssen, scheint nicht ins Gewicht zu fallen.

Der Logik einer effizienzzentrierten Wirtschaft folgend hatte die doppelt so große *Ever Level* nicht

6) Ebd.

7) Alexander Klose, *Das Container-Prinzip: wie eine Box unser Denken verändert* (Hamburg: Mare, 2009), S. 42–43

einmal halb so viel Besatzung an Bord wie die *Itapagé*, auf der gut 40 Leute arbeiteten. Die Mannschaft des brasilianischen Schiffs musste das Auf- und Entladen der Fracht noch immer zu großen Teilen mit eigenen Kränen selbst bewerkstelligen; die Besatzung war dafür verantwortlich, dass das Frachtgut den physischen Eigenschaften entsprechend und für das Gleichgewicht des Schiffs angemessen eingelagert wurde. Beim Stückgutfrachter mussten auch an Land spezifische Vorkehrungen getroffen werden, die auf die materiellen Gegebenheiten der Ladung in Form von Gewicht, Größe und Empfindlichkeit ausgerichtet sind: Für Baumwolle benötigte man anderes Werkzeug als für Fernseher. Die Tatsache, dass ein solches Be- und Entladen abhängig von den Eigenschaften der transportierten Güter ist, machte eine Automatisierung der Arbeitsprozesse schwierig – was wiederum längere Liegezeiten und höhere Kosten verursacht als im Containerverkehr.

Die *Cap San Diego*, die wie die *Itapagé* einst als Stückgutfrachter im Südamerika-Dienst unterwegs war, wurde zu Beginn der 1980er außer Dienst genommen und ziert seit Ende der 1980er den Hamburger Hafen als Museumsschiff. Am 20. November 1981 brach die *Cap San Diego* von Salvador an der Westküste Brasiliens zu ihrer letzten Fahrt auf; sie nahm in etwa dieselbe Route wie die *Itapagé*. Es ist zu vermuten, dass sich an Bord der *Itapagé* Ähnliches befand wie auf der *Cap San Diego*, als da wären:

»Tausende Fässer mit Orangensaftkonzentrat (...), Tausende Kartons mit Kakaobutter, Säcke mit Kakao und Kaffee, Tabakballen, Fässer mit Zwiebelextrakt, Gebinde mit Leder, Textilien, Bananen, auch Steine und Granitblöcke (...). In den Speiseöltanks lagerten Rizinusöl und Erdnussöl. In einem Laderaum auf dem Vorschiff standen, zwischen Kisten mit Autoteilen, Kaffeesäcken und Paletten mit Gummi, auch drei Container.«[8] Man kann sehen: Der Container war hier nur ein Behälter unter vielen; vieles war unverpackt, anderes in Kartons, Säcken und Fässern untergebracht; jedes Gut forderte sein eigenes Medium des Transports.

Während die *Itapagé* also Rücksicht nehmen musste auf die Art und Form des Frachtguts, ist der *Ever Level* das Wesen der transportierten Ware gleich: Für das Containerschiff zählt in erster Linie der Behälter, genauso wie für den Kran, den Zug und den LKW, die den Container an Land nehmen. Alles kann mit den gleichen Maschinen und den gleichen Arbeitsprozessen behandelt werden; menschliche Arbeitskraft wird dabei immer weniger benötigt. (Daher verwundert es nicht, dass

8) Olaf Preuß, *Eine Kiste erobert die Welt. Der Siegeszug einer einfachen Erfindung*, 3. Aufl. (Hamburg: Murmann, 2010), S. 118. Da die *Itapagé* weder ins Museum kam noch dem Unfall zum Opfer fiel, konnte ich über die Beladung des Schiffs nichts in Erfahrung bringen, trotz vielfältiger Bemühungen.

es vor allem die Hafenarbeiter und ihre Gewerkschaften waren, die den Umbau zum Containerhafen in Hamburg eher kritisch sahen; nicht nur die Arbeit von Matrosen, Schauerleuten und Tallymann wurde immer weniger gebraucht, sondern auch die von Fassbindern, Sacknäherinnen und allen anderen, die entsprechende Behälter herstellten. Ihre Lebenswelten verschwanden mit der Containerisierung – genauso wie die des Schriftsetzers, Druckvorlagenherstellers und Zeitungsjungen im Zuge der Digitalisierung der Kommunikation.)

Die *Ever Level* war eines von insgesamt 16 in etwa baugleichen Containerschwesterschiffen vom Typ »Ever Guard« mit einem Transportvolumen von je 2.240 Containereinheiten. (Für heutige Verhältnisse ist der einstmalige Riese ein Zwerg: Die neueste Generation fasst an die 20.000 Einheiten.) Die Schiffe gehörten der Evergreen Marine Corporation, einem der ersten Anbieter eines Round-the-World-Services für Containertransport; gut 80 Tage dauerte die Reise um die Welt.[9] Damit wurde die Evergreen Marine Corporation Anfang der 1980er zu einem der weltweit größten Anbieter von Containertransporten und ihre markant grünen Container global sichtbar.[10] Evergreen hielt alles in Bewegung.

9) Siehe Levinson, *The Box*, S. 241

10) Vgl. Jane R. C. Boyes und John Fossey, »Top Twenty's 40 per cent Hold«, *Containerisation International* Mai (1983), S. 41–45

Als nun auf der Elbe vor Cuxhaven alt auf neu traf, hat es ordentlich gescheppert: Ein 14 Meter langer Riss und ein 6 mal 7 Meter großes Loch aufseiten der *Ever Level* war das Ergebnis. Beim Aufprall entstand aber vor allem eine solche Reibungshitze, dass mehrere Zentimeter dicker Schiffbaustahl zu glühen begann; ein Gutachter spricht von 370.000 Kilowatt, die in 4 Sekunden in Wärme umgewandelt wurden. Sofort entflammten mehrere Container auf dem Vorderdeck der *Ever Level*. In einigen der ebenso unscheinbaren wie undurchsichtigen Containerboxen befand sich leicht entzündliches Gefahrengut: 2 Tonnen Streichhölzer und 7 Tonnen Party Poppers (Tischfeuerwerk). »Und welch ein Glück«, berichtet erleichtert die *Schiffahrt International*, »daß die 20 Tonnen Feuerwerkskörper (…) auf dem Achterschiff vom Kollisionsort weit entfernt gestanden haben. Trotzdem gingen stundenlang Silvesterknaller in die Luft, gespenstisch leuchtete der Flammenschein nach Cuxhaven hinüber.«[11]

Fast überall auf dem Schiff befanden sich Container mit leichtentzündlichen Baumwollballen (bzw. Kapok), die sofort zu brennen begannen – und so schnell auch nicht aufhören wollten. (Den Großteil der Ladung in Containern machen bis heute Zwischenprodukte zur Weiterverarbeitung aus, die just-in-time geliefert werden.) Der Ladungs-

11) »Das Flammeninferno von Cuxhaven«, *Schiffahrt International* 1 (1984), S. 21

MS "Ever Level", Leck an Stb-Seite
(Fotos Kpt. Stahlbaum)

Aus den Akten des Seeamts

schaden wurde auf insgesamt 60 bis 80 Millionen D-Mark geschätzt. Schweröl trieb an den Strand von Cuxhaven. An Bord des Schiffs schwelten tagelang Brände; erst eine Woche später konnte das Feuer endgültig gelöscht werden, nachdem das Schiff in den Brunsbütteler Hafen geschleppt worden war. Die örtliche Freiwillige Feuerwehr und die Werksfeuerwehr der Bayer AG arbeiteten rund um die Uhr, um die einzeln an Land gebrachten Container zu öffnen und die Ware entsprechend zu löschen. Zwei Seeleute aus Taiwan kamen bei dem Unglück ums Leben; der Matrose Jen Yong Hwa wurde zwischen den Containern zerquetscht, der Funker Leu Chang Lui hielt bis zuletzt die Stellung und erstickte im Rauch. Ein britischer Überseelotse überlebte schwer verletzt den Sprung aus seiner Kammer. Der Lotse der Ever Level wurde vor dem Hamburger Seeamt schuldig gesprochen, da er falsch reagiert hatte; mit dem System der globalen Containerschifffahrt gab es kein Problem, wie alle Prozessbeteiligten betonten. Solange der Mensch keine Fehler macht, läuft alles wie am Schnürchen.

BEDAUERN

Die örtlichen Werften machten sich ob des Unfalls einige Hoffnungen: »Für Norddeutschlands Werften ist der chinesische[12] Containerfrachter ›Ever

12) Die Bezeichnung ›chinesisch‹ übergeht die Tatsache, dass das Schiff aus dem unabhängigen Taiwan stammt.

Level‹ (23.724 BRT) ein ganz dicker Fisch. Die Reparatur des bei einer Kollision auf der Unterelbe seitlich aufgeschlitzten und teilweise ausgebrannten Schiffes wird viele Werftarbeiter lange Zeit beschäftigen«, wusste das *Hamburger Abendblatt* mitten in der grassierenden Werftenkrise der 1980er zu berichten.[13] 80.000 Arbeitsstunden wären auf die Hamburger Werft zugekommen. Doch leider: »In Hamburg ließ die Evergreen Line nur Rumpfschäden ausbessern, den Hauptauftrag bekam der Hitachi-Konzern, dessen Onomichi-Werft zur Zeit 16 Containerschiffe baut und somit das ausgebrannte Deckshaus kostengünstiger ersetzen kann als die europäischen Konkurrenten.«[14] Nachdem die *Ever Level* bei Blohm + Voss in Hamburg notdürftig repariert und seetauglich gemacht worden war, wurde sie zur endgültigen Reparatur nach Japan gebracht – trotz einer zweimonatigen Schleppreise, die dadurch nötig wurde und gut 2,5 Millionen D-Mark kostete. In einem Bieterwettbewerb um einen Auftrag über etwa 15 Millionen D-Mark hatten die deutschen Bewerber den Kürzeren gezogen.

Die Sorge um die Wettbewerbsfähigkeit deutscher Werften im globalen Vergleich brachte sogar den damaligen Bundespräsidenten Carl Carstens auf den Plan. Eine Akte des Bundespräsidialamts

13) »›Ever Level‹: Pokerspiel um den Reparaturauftrag«, *Hamburger Abendblatt*, 6. 12. 1983, S. 4

14) »Der Schlepper kam zu spät«, *Hamburger Abendblatt*, 11. 1. 1984, S. 30

zeigt Briefe von Peter Broers, dem damaligen Leiter der Vertretung Bonn des Verbands Deutscher Reeder, die Carstens darlegen, warum deutsche Werften gegen die (vermeintlich) subventionierten Werften in Asien keine Chance hatten: »Gegen die Methoden, die von dem fernöstlichen Land praktisch als einem vollkommen verstaatlichten Industriekomplex ausgehen, kommt die deutsche und übrige Werftindustrie, die durch einzelne selbstständige Unternehmen repräsentiert wird, nicht an.« Die globale Standardisierung des Containerverkehrs erlaubt eine darauf basierende regionale Diversifizierung konkurrierender Wirtschaftsweisen; Gleichmacherei und Differenzierung gehen bei Globalisierung und Digitalisierung zusammen – und schaffen neue Hierarchien. Die *Ever Level* fuhr dann noch über 20 Jahre über die Weltmeere, bevor das Schiff 2008 zur Verschrottung an den Strand von Chittagong an der Küste Bangladeschs gezogen und in seine Einzelteile zerlegt wurde.[15]

BEGEHREN

Neben der Silvester-Fracht hatte die *Ever Level* auch Ware für das anstehende Weihnachtsfest in ihren Containern verborgen; an Bord befanden sich jede

15) Laut einem Post vom User Fehntjer im Abwrack-Thread vom 17. 11. 2008; https://forum-schiff.de/phpBB3/viewtopic.php?f=2&t=966&sid=d316d7169203f1bc50d16cb5d3aeeb8c

Menge Elektroartikel, Kleidung und Spielzeug aus asiatischer Produktion: Mikrowellen, Jeans, Rollerskates, elektrische Schreibmaschinen, Quarzuhren, Uhrenradios, BMX-Helme, Hi-Fi-Equipment, Sweaters. Auch wenn das Jahr 1983 von einer weltweiten Rezession geprägt war, Konsumgüter zirkulierten mehr denn je global. All diese Dinge wären wie von Geisterhand in den Auslagen der Geschäfte gelandet, wenn es nicht zu dem Unfall gekommen wäre, der die unsichtbare Lieferkette durchbrach.

Bei der Kollision wurde nämlich nicht nur ein Feuer ausgelöst, es gingen auch 27 der gut 1.200 an Bord befindlichen Container über Bord: Einige landeten auf dem Deck der *Itapagé*, einige dümpelten in der Elbe oder gingen unter, und ein paar fanden den Weg an die Küste Schleswig-Holsteins zwischen Neufeld und Friedrichskoog, zusammen mit Waren aller Art, die aus aufgerissenen Containern quollen. Erst der Unfall bringt die transportierten Dinge ans Licht; nicht nur das Unglück, sondern auch das Begehren nimmt jetzt seinen Lauf.[16] Die plötzlich sichtbar gewordenen Waren bedienen Sehnsüchte, welche die immer gleichen Metallcontainer gedeckelt hatten: »Der Urinstinkt der Strandräuberei wurde bei einigen Menschen an der Küste wieder geweckt. Kaum verbreitete sich die Nachricht vom Schiffsunglück auf der Unterelbe, (…) schon machten sich die Strandgutsammler auf den Weg zum Deich, in der Hoffnung wertvolle Ladung zu

16) Vgl. Klose, *Das Container-Prinzip*, S. 13–17

Die zwei Brunsbütteler Zöllner (Foto) packen gerade wieder einen der vielen Farbfernseher aus DDR-Produktion in ihren Dienst-Kombi. Die „Strandläufer" nahmen den Zöllnern meist die mühselige Sammelarbeit ab . . .

(Foto: Birger Bahlo)

„. . . und segne unseren Strand!" Schon immer war das Unglück von Schiffen für Küstenbewohner ein Segen, der zur Not auch mit Gebeten erfleht wurde. An der Unterelbe bei Cuxhaven ist nach dem schweren Schiffsunglück vom vergangenen Freitag der Strand reich mit Treibgut gesegnet. Während der Frachter „Ever Level" (im Hintergrund) noch immer brennt, werden am Ufer Fernseh- und andere elektronische Geräte, Turnschuhe, Teakholzbretter, Babywäsche und andere Schätze aus dem Fernen Osten angeschwemmt. Allerdings, nach einem alten Gesetz darf nur das mitgenommen werden, was durch das Salzwasser ohnehin unbrauchbar geworden ist finden«, berichtete die *Dithmarscher Rundschau*.[17] In dieser Hinsicht kam der Unfall zur rechten Zeit: »›Das ist ja wie Weihnachten‹, staunte ein älterer Herr über die ›Bescherung‹ am mit Strandgut übersäten Ufer. Sein Vergleich entsprach der Realität: Vieles von dem, was hier mit und ohne Container angetrieben worden ist, war für das Weihnachtsgeschäft der Kaufhäuser bestimmt gewesen.«[18]

In dem bereits erwähnten Buch über *Das Container-Prinzip* wird beschrieben, wie die »Transportgüter (…) für einen festgelegten Zeitraum aus jeglicher Verfügung« verschwinden: »Objekt und Subjekt aller den Transport betreffenden Vorgänge – Be- und Entladen der Verkehrsträger, Adressierung, Dokumentation, Zoll – ist ausschließlich der Container – das temporäre, bewegte Einschließungsmedium, der Meta-Behälter. Im Container eingeschlossen und versiegelt, untersteht das Transportierte nur noch dessen raumzeitlichen Bedingungen. Es fällt also gewissermaßen aus dem raum-zeitlichen Kontinuum der Welten heraus, in denen es produziert, durch die es transportiert und in denen es konsumiert wird.«[19] Mehr noch: Die Güter fallen nicht nur aus Raum und Zeit, sie entziehen sich auch den affektiven Begeh-

17) Dieter Brumm, »Zoll hat ein wachsames Auge auf die Strandräuber«, *Dithmarscher Rundschau*, 30. 11. 1983, o. S.

18) Jürgen Dobert, »Die Bescherung an den Ufern der Unterelbe«, *Hamburger Abendblatt*, 29. 11. 1983, S. 5

19) Klose, *Das Container-Prinzip*, S. 27

Die 15 Jahre alte Maike mit ihrem Strandgut: Einem Fernsehgerät der Firma „Orion". Das schlammverschmierte Gerät war für die „DDR" bestimmt. Viel Freude wird Maike an ihrem Fund indes nicht haben. Der Apparat erlitt Totalschaden Foto: GRIMM

rensstrukturen, die zwischen Menschen und Dingen entstehen können.

Allerdings, erinnert sich ein Augenzeuge, musste man schnell sein, wenn man die begehrten vorzeitigen Weihnachtsgeschenke auch behalten wollte: »Der Wind war günstig, so dass das ›Treibgut‹ bei uns im Vorland zu finden war. Wir, mein Arbeitskollege und ich, sind dann am Freitag ›ins Vorland‹ und da standen wir nun ganz alleine und konnten es nicht glauben. Soweit das Auge sehen konnte, war alles voll mit der Ware aus den Containern ... Fernseher, Videorecorder, Radios, Geschirr, Klamotten usw. ›Alles was das Herz begehrte.‹ Das Gute daran war, die Ware war in Folie eingeschweißt, sonst hätten wir wohl auch nichts im Vorland finden können. Wie soll es anders sein, wir haben natürlich mitgenommen, was man tragen konnte, bis das Auto randvoll war.«[20] Bedauerlicherweise blieb man nicht lange allein; andere kamen, und mit ihnen die Ordnungsmacht: »So etwas schnackt sich sehr schnell herum, am Samstag war halb Dithmarschen da (Volksauflauf), aber leider auch der Zoll. Jeder der mit ›Strandgut‹ über den Deich zurückkam, durfte die Ware gleich in den Zollbus legen.«[21] Laut Strandungsverordnung vom 17. Mai

20) Klinki (Uwe), »Wir sind immer noch Sammler und Jäger«, *Krebs-Kompass.de: Plauder-Thread (Stammtisch)*, gepostet am 5. 1. 2009, http://www.krebs-kompass.de/showthread.php?t=30023&page=7

21) Ebd.

1874 darf angeschwemmtes Strandgut nicht behalten werden, zumal der Besitzer bereits Ansprüche erhoben hatte. Tatsächlich machte der Zoll reiche Beute: »Bereits am Sonnabend meldete die Wasserschutzpolizei den Fund von Kassettenrecordern am Strand zwischen Brunsbüttel und Neufeld. Der Zoll in Brunsbüttel wurde informiert. Bis Dienstag konnten die Zollbeamten 70 Fernseher, 125 Steuereinheiten für Home-Computer, 100 Paar Schuhe und Einzelstücke wie Video-Cassetten, Recorder, Aktenkoffer und Fernbedienungen für TV-Geräte beschlagnahmen.«[22]

Aber gegen die Goldgräberstimmung der Dithmarscher kam der Zoll nicht an, wie das *Hamburger Abendblatt* zu berichten wusste – allerdings nicht ohne sich ein wenig über die ländlichen Ordnungshüter von der Waterkant zu mokieren: »Die drei Mann vom Zoll, die mit ihrem Wagen hinter dem Deich entlangfahren und den Findern ihr Strandgut abnehmen sollten, sind überfordert. Rund 60 ›Strandräuber‹ zugleich im Auge zu behalten, das ist einfach zu viel. Sind die Beamten rechts mit den Protokollen beschäftigt, machen sich hundert Meter weiter links andere Sammler mit der Ware davon, unbehelligt.« Auch die Sammler und Jäger selbst empfand der Reporter aus der Großstadt als unfreiwillig komisch: »Während Kinder einen japanischen Fernseher aus dem Schlick

22) Brumm, »Zoll hat ein wachsames Auge auf die Strandräuber«, o. S.

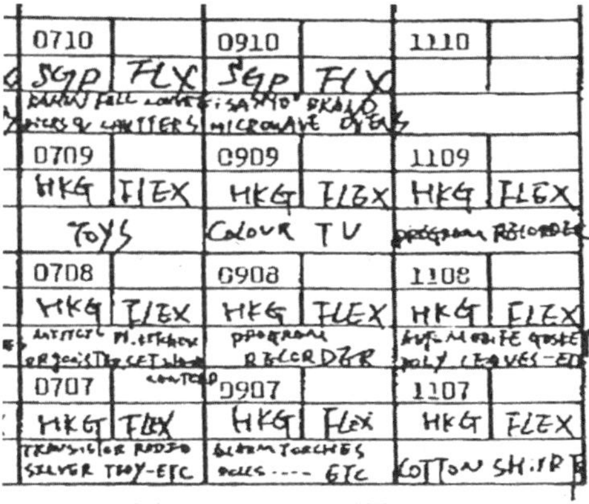

Auszug aus dem Stauplan der *Ever Level*

zerrten, lud der 32-jährige Ulf aus Marne zum wiederholten Male seine Schubkarre mit Schinkenbrettern aus echtem Teakholz voll. Hinterm Deich stand sein Lkw … Der Finder: ›Ich werde mir damit meinen Fußboden oder eine Wandverkleidung täfeln.‹«[23]

Das schwimmende Teakholz gehörte zu den häufigsten Fundstücken; einige Bretter befinden sich bis heute im örtlichen Heimatmuseum von Brunsbüttel. Besonders begehrt aber waren Elektrogeräte. Zwischen den Berichten über das Unglück der *Ever Level* fand sich in der örtlichen *Marner Zeitung* auch ein Bericht über die beliebtesten Produkte im Weihnachtsgeschäft: »Video-Anlagen, elektronische Kinderspiele, Farbfernseher und Cassettenrecorder – es wurde fast alles gekauft. Als absoluter Renner dieses Jahres scheint sich jedoch der Heimcomputer herauszukristallisieren. Manche Kaufhäuser bedauerten, daß die Nachfrage größer sei als das Angebot.«[24] Kein Wunder, dass die Kaufhäuser sich schon wenige Tage nach dem Unglück alarmiert zeigten: »Mittlerweile meldeten sich ganze Kaufhaus-Ketten, die auf Ware aus Fernost für das Weihnachtsgeschäft warten«, berichteten die *Cuxhavener Nachrichten* nach dem Unfall der *Ever Level*: »Zur Ladung zählten unter anderem wertvolle Com-

23) Dobert, »Die Bescherung an den Ufern der Unterelbe«, S. 5

24) »Heimcomputer als Renner. Weihnachtsgeschäft wie schon lange nicht mehr«, *Marner Zeitung*, 5. 12. 1983, o. S.

puterbauteile und Geräte der Unterhaltungselektronik, vom Radio bis zum Videorekorder.«[25]

Wie gut, dass einiges frei Haus geliefert wurde. Die Reporter vom *Hamburger Abendblatt* identifizierten unter anderem Geräte von Sharp und Atari, führende Marken einer Unterhaltungselektronik, die in den 1980er Jahren vor allem von ostasiatischen Herstellern dominiert wurde – und die den deutschen Gabentisch 1983 schmücken sollten. Viele der Geräte blieben tatsächlich unversehrt: »Daß auch eine typische Kaufhaus-Verpackung (Styropor-Karton und verschweißte Plastikfolie) bedingt seefest sein kann, das war am Wochenende an etlichen Fernsehgeräten und (…) Video-Rekordern bewiesen worden. Sie waren als Einzelstücke trocken und unversehrt am Koog angetrieben.«[26] Doch selbst wer ein unversehrtes Gerät in die heimische Stube zu schmuggeln wusste, konnte sich noch immer nicht sicher fühlen: »In Neufeld gingen die Beamten sieben Anzeigen nach und wurden in vier Wohnungen fündig. Die Liste der sichergestellten Sachen konnte sich sehen lassen: 14 intakte Mikrowellenherde, acht Videorecorder, 22 Kofferradios und viel Kleinkram. Auf die Betroffenen kommt nun ein Steuerverfahren und eine Anzeige wegen Fundunterschlagung zu.«[27]

25) *Cuxhavener Nachrichten*, 28. 11. 1983, o. S.

26) Dobert, »Die Bescherung an den Ufern der Unterelbe«, S. 5

27) »Wie in alten Zeiten: Dithmarscher als Strandräuber«, *Brunsbüttler Rundschau*, 14. 12. 1983, o. S.

Auch diejenigen Schatzsucher, die ihre Fundstücke erfolgreich vor dem Zoll zu verstecken wussten, hatten es nicht leicht. Insbesondere bei Elektrogeräten war nicht einmal sicher, ob man sie überhaupt noch nutzen konnte: »So mancher ›Schatzsucher‹ wird zu Hause ausprobieren, ob ein ›Atari‹-Daten-Rekorder wieder gebrauchsfähig zu machen ist, wenn er vom Elbewasser getrocknet und gereinigt ist«, erklärt das *Hamburger Abendblatt*.[28] Und genau das war auch mein Schicksal: Mein Onkel Peter arbeitete zu jener Zeit als Kranfahrer im Hafen von Brunsbüttel und hatte es irgendwie geschafft, an einen solchen Atari-Daten-Rekorder zu kommen. Wie der Stauplan der *Ever Level* zeigt, waren in Hongkong, dem Produktionsstandort der Rekorder, zwei ganze Container mit »Program Recordern« an Bord gegangen; die meisten davon waren in der Elbe gelandet.

Irgendwann im Laufe des Jahres 1984 hatte ich es geschafft, meine Eltern davon zu überzeugen, dass ein Atari-600XL-Heimcomputer genau das wäre, was ich mit zwölf Jahren bräuchte. Eigentlich wussten weder ich noch meine Eltern so richtig, was man damit genau anfangen sollte. Aber als Atari dann in der Werbung zu den Olympischen Spielen 1984 auftauchte, war ich schnell überzeugt, dass Atari-

28) Dobert, »Die Bescherung an den Ufern der Unterelbe«, S. 5

Heimcomputern ebenso wie Nike-Turnschuhen und Los Angeles die Zukunft gehören würde: »Übrigens«, heißt es dazu in der Produktbroschüre von Atari: »auch bei den berühmtesten Spielen der Welt ist ATARI mit von der Partie. ATARI ist offizieller Lieferant für Video-Spiele und Privat-Computer der deutschen Olympiamannschaften 1984. Schon im Vorfeld haben einzelne Sportverbände mit ATARI Computern gearbeitet. Mit Video-Spielen haben unsere Sportler Konzentration und Reaktionsvermögen trainiert. Während der Olympiade ist es dank ATARI möglich, die einzelnen Wettkampfdaten auszuwerten. Und nach einem anstrengenden Wettkampf entspannen sich unsere Athleten mit ATARI.« »Digital, with a Capital ›D‹«, schallte es mir dazu aus dem Radio entgegen.[29] D wie Deutschland? D wie digital? Auf jeden Fall wurde es großgeschrieben und ich wollte unbedingt dabei sein.

Zum Heimcomputer gehörte als wichtigstes Peripherie-Gerät der Atari-1010-Datenrekorder, den es von meinem Onkel dazu gab. Ein Datenrekorder war im Grunde genommen nichts anderes als ein Kassettenrekorder, mithilfe dessen man gekaufte Software aufspielen, aber auch eigene

29) In den Top 10 der deutschen Charts von Januar bis März 1984, also just als sich das Drama um die *Ever Level* abspielte, lief »Hey You!« von der Rock Steady Crew: »Electricity just runs through me / Digital with a capital ›D‹.«

PLAY
STOP
PAUSE

Programme speichern konnte – eine einfache Variante des Diskettenlaufwerks also, mit der man etwa 100 kB auf einer 60-Minuten-Kassette abladen konnte. (Das heißt, man bräuchte etwa 36 solcher Kassetten, um einen einzigen Popsong in heutiger MP3-Qualität zu speichern!) Der Atari-1010 verfügte sogar über ein Zweispur-System; während die Software in normaler Kassetten-Geschwindigkeit auf den Computer gespielt wurde (und man gerne mal 10 Minuten warten musste), konnte gleichzeitig Musik abgespielt werden. Oder es wurde per Voice-Over erläutert, was denn als Nächstes passieren würde, wenn das Programm von der Kassette endlich geladen wäre.

Wie vom *Hamburger Abendblatt* vermutet, hatte das Gerät, das mir vermacht wurde, doch ein wenig unter dem Bad in der Elbe gelitten. Es funktionierte nicht. Also brachte ich den Datenrekorder zum örtlichen Computerfachhändler, um ihn untersuchen und reparieren zu lassen. Die von mir befürchteten Nachfragen, warum da Salzwasser am Gerät sei und ob das Gerät vielleicht gar zu den vermissten Waren aus dem Containerschiff gehörte, blieben zu meiner großen Erleichterung aus. Ich meine zu erinnern, dass man mich ein wenig schräg anschaute, aber das kann auch eine Tücke des Gedächtnisses sein – oder der Tatsache geschuldet, dass 1984 alle kleinen Jungs im Datenverarbeitungseinzelhandel schräg angesehen wurden: Computer waren nichts für Kinder. Die Rechnung für die Reparatur fiel auf jeden Fall ziemlich hoch aus und lag nicht allzu weit unter dem Neupreis. Aber nun hatte ich zu meinem Heimcomputer auch einen Datenrekorder. Auch ich war zum Nutznießer des global-digitalisierten Warenhandels geworden, ohne von den bewegten Tonnen und den zurückgelegten Meilen zu ahnen.

Trotz aller werblichen Beteuerungen von Atari, dass ihre Computer »Mehr als Spaß« boten, war Spaß doch das, was ich suchte. Neben der Freude daran, so viel Programmieren zu lernen, dass ich meine Lieblingssongtexte (»Smalltown Boy«[30] bspw.) in Dauerschleife über den Bildschirm laufen lassen konnte, wollte ich Spaß beim Spielen. (Der ›Bildschirm‹ war übrigens der ausrangierte Schwarz-Weiß-Fernseher meiner Eltern, der, um peppiger zu wirken, gelb angesprayt worden war.) Die preiswerteste Möglichkeit, den Computer zum Spielgerät zu machen, war es, Programme aus Computerzeitschriften abzutippen. Das war aber äußerst mühselig. Und natürlich konnten die Ergebnisse nicht mit den Arcade-Spielen der Zeit mithalten. Mithilfe des Program Recorder konnte man solche Spiele jetzt aber zumindest nicht nur speichern, sondern auch mit anderen tauschen. Ich bekam auch

30) Die Lyrics des Songs von Bronski Beat erhalten im Zeitalter der Social-Media-Plattformen noch einmal eine ganz neue Bedeutung: »Alone on a platform, the wind and the rain on a sad and lonely face …«

eine Kassette, vollgepackt mit abgetippten Spielen. Das erste Spiel, das ich auf den Computer lud, zeigte mir in groben Pixeln ein Zimmer mit Stuhl, Tisch, Bett und einer hellen Lampe an der Decke. Man hatte nun eine gewisse Zeit, ich vermute 10 Sekunden, um sich die Lage der Möbel im Raum einzuprägen. Dann ging das Licht aus. Meine Aufgabe war es, mich im Dunkel der digitalen Welt zurechtzufinden: Wenn ich auf dem Weg durch den virtuellen Raum auf etwas ›Gegenständliches‹ stieß, hatte ich verloren. – Heute will ich das Gegenständliche aus dem Dunkel der virtuellen Welt holen, den materiellen Schatten des Digitalen beobachten.[31]

Davon handelt dieses Buch.

31) Ohne die Unterlagen der Wasserschutzpolizei und des Seeamts wären die Vorgänge rund um die *Ever Level* nicht zu rekonstruieren gewesen. Mein Dank gilt dem Staatsarchiv Hamburg und dem Landesarchiv Niedersachen, Abt. Stade, sowie dem Stadtarchiv Brunsbüttel. Weitere Angaben sind dem *Täglichen Hafenbericht* entnommen.

55566688833

my phone's got a camera that's built right in
but it is hard to keep the dirt and grease of
the lens
the last time we were happy seems so long ago
now
I tried to take a picture, but it didn't come
out

and the messages sent are almost as blurred
like cryptic Prince titles to songs no one's
heard
if we keep this up, things will never get better
when we disagree we fight in capital letters

I have to type eleven numbers into my
cellphone just to make it spell LOVE so
I usually don't
and it takes some fifteen digits to spell out
GOODBYE but if I leave out the GOOD
I can
save us some time

my throat's a little soar after last night's events
you were somewhere doing something, I was
out with my friends
you wrote just to ask, if I was having fun
and I guess I didn't text you back quite fast
enough

so when I got home, you were awake in the
den
there were tears in your eyes, and the lights
were all dim
I turned off my phone, you did the same
and we fought face-to-face like it was the 90s
again

I have to type eleven numbers into my
cellphone just to make it spell LOVE so I
usually don't
and it takes some fifteen digits to spell out
GOODBYE but if I leave out the GOOD
I can
save us some time

James Figurine, *Mistake Mistake Mistake Mistake*
(Monika Enterprise, 2006)

https://www.youtube.com/watch?v=OYkQMJcif-k

II.
CETACEAN COMMUNICATION
DIGITALE BEZIEHUNGEN

DELFINE

»Mit den Cetaceae hatte ich bisher nur wenig Erfahrung.« Mit diesem Bekenntnis beginnt Anthropologe, Ethologe und Kommunikationswissenschaftler Gregory Bateson seinen 1966 erschienenen Aufsatz »Probleme in der Kommunikation von Delphinen und anderen Säugetieren«.[1] Ziel von Batesons Beschäftigung mit Delfinen (die eben zur Spezies der Cetaceae gehören) ist es nicht, etwas Neues über eine eventuelle Sprache dieser Tiere herauszufinden, sondern »Lücken in unserem theoretischen Wissen von der Kommunikation zu schließen, indem wir

1) Gregory Bateson, »Problems in Cetacean and Other Mammalian Communication«, in: *Whales, Dolphins, and Porpoises*, Hg. Kenneth S. Norris (Berkeley: University of California Press, 1966), S. 569–579; zitiert wird nach der deutschen Übersetzung: »Probleme in der Kommunikation von Delphinen und anderen Säugetieren«, in: *Ökologie des Geistes. Anthropologische, psychologische, biologische und epistemologische Perspektiven*, übers. von Hans Günter Holl (Frankfurt am Main: Suhrkamp, 1981 [1972]), S. 468–485. (An einigen Stellen wurde eine ungenaue Übersetzung anhand des Originals stillschweigend präzisiert.)

ein System untersuchen, das (...) sicherlich völlig ungewohnt ist«.[2] So ungewohnt wie die Kommunikation von Delfinen ist uns heute in vielerlei Hinsicht die Kommunikation im Internet. Folgen wir also Bateson zu den Cetaceae, um etwas über menschliche Kommunikation zu lernen – und die Rolle des Digitalen in dieser.

Bateson beginnt seine Untersuchung mit der Beobachtung von Landsäugetieren: Wölfen und Katzen etwa. Die Feststellung, dass deren Kommunikation in erster Linie »im Rahmen von Beziehungsmustern und -kontingenzen« stattfindet, bildet die Grundlage für den Vergleich mit menschlicher Kommunikation: »Außergewöhnlich – das großartige, neue – in der Evolution der menschlichen Sprache war nicht die Entdeckung der Abstraktion oder der Verallgemeinerung, sondern die Entdeckung, wie es möglich ist, sich über etwas anderes als Beziehungen genau auszudrücken.«[3] Wie andere Säugetiere so hatte auch der Mensch schon vor der Entdeckung der Sprache gut raus, wie er rüberbringt, dass er sich überlegen fühlt, sich unterordnet, Schutz gewährt oder Unterschlupf sucht, Geschlechtsverkehr begehrt oder Futter haben will. Mit Sprache kann er auch über entfernt liegende Weidegründe von Jagdtieren, die Giftigkeit unbekannter Beeren, Gott im Himmel und eben über die Kommunikation von Walen kommunizieren.

2) Bateson, »Probleme«, S. 469

3) Ebd., S. 472

Allerdings, so Bateson weiter, hat die Tatsache, dass wir Menschen über anderes als Beziehungen reden können, und dass wir das auch ständig tun, der Beziehungsarbeit kaum Abbruch getan. Stets stellt sich die Frage: Warum hat sie mir das gesagt? Was drückt er damit über unsere Beziehung aus? »Unsere Abstammung von den Säugetieren bleibt ganz nahe der Oberfläche, trotz einiger vor kurzem erworbener sprachlicher Tricks.«[4] Nicht die Delfine führen hier die Tricks vor, sondern die Menschen: Sie reden über die tollsten Dinge, wenn es doch eigentlich um Beziehungen geht. Aber wie machen sie das?

Bateson hat bei der Frage, wie Menschen kommunizieren, eine ganz bestimmte Situation vor Augen. Zwar ist es nicht weiter ungewöhnlich, dass Batesons wissenschaftlicher Aufsatz, aus dem hier zitiert wird, auf einem mündlich gehaltenen Vortrag beruht.[5] Bemerkenswert ist aber, dass nun in der gedruckten Fassung auf diese ursprüngliche Kommunikationssituation Bezug genommen wird, um der Leserschaft (!) deutlich zu machen, wie oberflächlich unsere sprachlichen Tricks sind: »Eine Syntax und ein Kategoriensystem zu verwenden, die für die Diskussion von Dingen angemessen sind, die sich handhaben lassen, während man in Wirklich-

4) Ebd.

5) Gehalten wurde der Vortrag ursprünglich auf dem »First International Symposium on Cetacean Research«, einer wissenschaftlichen Konferenz, die im August 1963 in Washington, DC, stattfand.

keit die Muster und Kontingenzen von Beziehungen diskutiert, ist phantastisch. Aber genau das, so möchte ich behaupten, passiert in diesem Raum. Ich stehe hier und rede, während Sie zuhören und zusehen. Ich versuche Sie zu überzeugen, Sie dazu zu bringen, daß Sie die Dinge so wie ich sehen, ich versuche Ihren Respekt zu verdienen, meinen Respekt vor Ihnen zu zeigen, Sie herauszufordern, und so weiter. Was wirklich stattfindet, ist eine Diskussion unserer Beziehungsmuster, und all das in Übereinstimmung mit den Regeln einer wissenschaftlichen Konferenz über Wale.« Und einem Anthropologen angemessen fügt er lakonisch hinzu: »So ist es, ein Mensch zu sein.«[6]

Dabei dürfte klar sein, dass Bateson sich auf die Vortragssituation bezieht, weil die Evidenz des Arguments in Bezug auf schriftbasierte Kommunikation weit weniger eindrücklich wäre. In der Vortragssituation, wo Leute »zuhören und zusehen«, ist es deutlich schwerer, von der Beziehung zum Gegenüber abzusehen. Als einsamer Leser oder als einsame Leserin im stillen Kämmerlein vergisst man hingegen eher, dass irgendwo auch mal ein einsamer Mensch am Schreibtisch saß, zumal wenn man den Text mehr als 50 Jahre nach der ersten Veröffentlichung liest und der Autor längst tot ist.

Wichtig ist für Bateson, dass das, »was wirklich stattfindet«, nämlich eine »Diskussion unserer Beziehungsmuster«, stets im Schatten der Kommunika-

6) Bateson, »Probleme«, S. 477–478

tion bleibt: »Als Säugetier ist uns zwar die Angewohnheit vertraut, über unsere Beziehungen zu kommunizieren, doch sind wir uns dessen größtenteils nicht bewußt.«[7] Und zwar sind wir uns dessen nicht bewusst, weil die Beziehung eben in den meisten Fällen nicht Gegenstand der Kommunikation ist. Würden die Muster und Kontingenzen der Beziehung zwischen den Kommunizierenden ständig mitthematisiert, würde die Konzentration auf die Sache zunehmend schwerer fallen. Deshalb werden Beziehungsangelegenheiten nicht ausgesprochen, sondern beiläufig anderweitig vermittelt: »Wie andere Landsäugetiere vollziehen wir den größten Teil unserer Kommunikation über dieses Thema mit Hilfe von Ausdrucksbewegungen und parasprachlichen Signalen, wie etwa Körperbewegungen, unwillkürliche Anspannungen willkürlicher Muskeln, Veränderungen im Gesichtsausdruck, Zögern, Tempoverschiebungen in der Rede oder Bewegung, Obertöne der Stimme und Unregelmäßigkeiten der Atmung.«[8] Die Kommunikation der Beziehungsmuster darf sich nicht manifestieren, sondern muss in der Latenz verbleiben, damit sprachliche Kommunikation über Sachthemen funktioniert. Aber sie ist immer da.

In dieser Hinsicht hat der Delfin nun ein Problem. Als Säugetier, das im Wasser lebt, verfügt es nicht über die Ausdrucksmöglichkeiten anderer

7) Ebd., S. 475

8) Ebd.

Säugetiere: »Die Anpassung an das Leben im Ozean hat die Wale des Gesichtsausdrucks beraubt. Sie haben keine äußeren Ohren, die sie bewegen und, wenn überhaupt, nur wenige erektile Haare. Selbst die Halswirbel sind bei vielen Arten zu einem festen Block verschmolzen, und die Evolution hat den Rumpf stromlinienförmig gemacht, d. h. die Ausdrucksfähigkeit einzelner Teile der Fortbewegung des Ganzen geopfert.«[9] Wir können daher nicht *sehen*, was der Delfin uns sagen will – anders als etwa beim Hund: »Wenn man wissen will, was das Bellen eines Hundes ›bedeutet‹, schaut man auf seine Lefzen, seine Nackenhaare, seinen Schwanz und so weiter.«[10] Der Delfin muss das für gewöhnlich sichtbare jetzt hörbar machen: »Man kann also annehmen, daß bei diesen Tieren die Vokalisierung jene Kommunikationsfunktionen übernommen hat, die bei den meisten Tieren durch Gesichtsausdruck, Schwanzwedeln, geballte Fäuste, erhobene Hände, erweiterte Nüstern und ähnliches ausgeübt wird.«[11] Geht man davon aus, dass sich Delfine wie andere Säugetiere hauptsächlich im Rahmen von Beziehungsmustern äußern und dass ihnen die körperliche »Ausdrucksfähigkeit« zur Kommunikation der Beziehungsmuster fehlt, dann muss die Beziehungskommunikation andere Wege finden. Sie muss digital werden.

9) Ebd., S. 476

10) Ebd., S. 475

11) Ebd., S. 476

Um genauer zu klären, wie Beziehungskommunikation mit körperloser Sprache funktionieren kann, unterscheidet Bateson zwischen analogen und digitalen Anteilen der Kommunikation, wobei er die menschliche Sprache als »digital« bezeichnet, »während Ausdrucksbewegungen und Parasprache analog sind«.[12] In diesem Sinne kann man sagen, »dass der Inhaltsaspekt digital übermittelt wird, der Beziehungsaspekt dagegen vorwiegend analoger Natur ist.«[13] Die Delfine, so ist zu vermuten, müssen notgedrungen das Analoge digitalisieren, wenn sie Beziehungsmuster in Sprache übersetzen wollen.

Zum besseren Verständnis des Begriffs des Digitalen erklärt Bateson in seinem Aufsatz von 1966, »daß in der digitalen Kommunikation eine Anzahl von rein konventionellen Zeichen (...) nach Regeln herumgeschoben werden, die man Algorithmen nennt«. Menschliche Sprache, so weiß die Sprachwissenschaft, ist arbiträr organisiert: Ziffern und Buchstaben stehen in keinem natürlichen bzw. not-

12) Ebd., S. 479

13) Paul Watzlawick, Janet H. Beavin und Don D. Jackson, *Menschliche Kommunikation: Formen, Störungen, Paradoxien* (Bern: Huber, 1969 [1967]), S. 64. Das Buch von Watzlawick u. a., welches im Original nur ein Jahr nach Batesons Aufsatz erschien, ist dem »Freund und Mentor Gregory Bateson« gewidmet.

wendigem Verhältnis zu der Sache, für die sie stehen. Man muss also die Konventionen und Regeln kennen, den Algorithmus, nach denen bspw. eine Zahl (Ziffer) einer bestimmten Größe (Anzahl) zugeordnet wird. Aber wenn man diesen Algorithmus erst einmal kennt, braucht man nichts anderes zu tun als diesem zu folgen: »Es ist Unsinn zu fragen, ob meine Telefonnummer größer ist als Ihre, weil die Telefonvermittlung ein rein digitaler Computer ist. Sie wird nicht mit Größen gefüttert, sondern nur mit *Namen* von Stellen auf einer Matrix.«[14] Die Telefonnummer passt entweder (›1‹) oder nicht (›0‹), aber sie kann als digitaler Wert nicht mehr oder weniger zutreffend sein.

Auffällig ist auch hier (wie schon vorhin beim Bezug auf die mündliche Vortragssituation), dass Bateson zur beispielhaften Erläuterung der menschlichen Kommunikation wiederum auf eine spezifische Kommunikationssituation verweist: Diesmal wird über die Telefonleitung kommuniziert, vom Computer »vermittelt«. In einer solchen Situation zählt nur das Digitale – und damit nicht die Beziehungsdimension, die in der mündlichen Kommunikation dominiert. Ausdrucksbewegungen und parasprachliche Signale weiß die »rein digitale« Telefonvermittlung nicht zu verarbeiten. Es nützt nichts, die Fäuste zu ballen und den Computer anzuschreien.

14) Bateson, »Probleme«, S. 479

Folgt man der Annahme, dass Delfine keine »Kommunikation durch Ausdrucksbewegungen und Parasprache« kennen, so kommt man schließlich zu der Hypothese, dass »die Vokalisierung von Delphinen ein *digitaler* Ausdruck« von Beziehungsmustern sein muss, die doch eigentlich analog vermittelt werden.[15] Der Mensch kann genau das nicht, zumindest nicht besonders gut. Zwar besitzt auch die menschliche Sprache »ein paar Wörter«, um Beziehungen zum Sachgegenstand zu machen, also Analoges zu digitalisieren: »›Liebe‹, ›Respekt‹, ›Abhängigkeit‹ und so weiter.« Diese Wörter sind sicher gut, um abstrakt und allgemein, in einem wissenschaftlichen Aufsatz etwa, über diese Dinge zu reden. Aber: »diese Wörter eignen sich ganz schlecht für die wirkliche Beziehungsdiskussion zwischen den an der Beziehung Beteiligten. Wenn man zu einem Mädchen sagt: ›Ich liebe dich‹, wird sie wahrscheinlich mehr auf die begleitenden Ausdrucksbewegungen und die Parasprache achten als auf die Worte selbst.«[16] Der Mensch vertraut in Sachen Beziehung demnach eher den (analogen) Wahrnehmungssinnen als dem (digitalen) Sinn der Sprache, schaut und hört genauer hin, als sich auf die Entschlüsselung eines Algorithmus zu verlassen. »Wir Menschen fühlen uns sehr unwohl, wenn irgendwer anfängt, unsere Haltungen und Gesten zu interpretieren, indem er sie in Worte über Bezie-

15) Ebd., S. 480

16) Ebd.

hungen übersetzt. Vielmehr ziehen wir es vor, daß unsere Botschaften zu diesem Thema analog, unbewußt und unwillkürlich bleiben. Wir neigen dazu, demjenigen zu mißtrauen, der Botschaften über Beziehungen simulieren kann.«[17]

Natürlich, niemand möchte etwas vorgemacht bekommen, wenn es um Beziehungen geht; es gibt kaum bitterere Enttäuschungen. Aber es ist ja auch nicht so, dass man auf analoge Weise immer ehrlich ist oder dass man die parasprachlichen Zeichen des anderen immer richtig deutet. »I saw this thing on ITV the other week: Said if she played with her hair, she's probably keen.«[18] Probably! Und wenn nicht? Es geht, so denke ich, nicht darum, dass in der analogen Kommunikation eine tiefere, authentischere Wahrheit stecken würde, die jeden digitalen Zweifel ausräumen könnte. Die Leistung des Analogen für die »Beziehungsdiskussion« liegt woanders: Sie schafft Vertrauen durch Ungewissheit.

INTERAKTION UND SINNLICHE WAHRNEHMUNG

Gregory Batesons Überlegungen zur Kommunikation basieren zu großen Teilen auf seiner Arbeit in der Psychiatrie und auf der ethnologischen und

17) Ebd.

18) The Streets, *A Grant Don't Come for Free* (679 Artists, 2004)

ethologischen Beobachtung: alles Felder, in denen überwiegend in Face-to-Face-Situationen agiert wird. Soziologisch kann man hier von Interaktionssystemen sprechen, die als »Kommunikation unter Anwesenden« verstanden werden.[19] Das Besondere an solchen Interaktionssystemen ist demnach, dass sie wechselseitige Wahrnehmungsprozesse zum Zwecke der Kommunikation nutzen können: Ich sehe, wie er mit seinen Haaren spielt, und er sieht, wie ich das sehe. Eindeutiger wird die Sache dadurch aber nicht. Der Systemtheoretiker Niklas Luhmann, der in vielerlei Hinsicht an Bateson anschließt, betont daher vor allem eine Art Sicherheit des Ungefähren, die die analoge Wahrnehmung im Gegensatz zur digitalen Kommunikation gewährt.

Wichtig ist zunächst, dass nie ganz klar ist, ob eine Ausdrucksbewegung oder eine parasprachliche Äußerung willkürlich oder unwillkürlich geschehen ist, ob es sich also um eine absichtliche, eine unbewusste oder gar völlig zufällige Mitteilung handelt; in diesem Sinne hat »das reflexive Wahrnehmen spezifische Vorteile« gegenüber einer »expliziten Kommunikation, die als Handeln zugerechnet wird«.[20] Wie Luhmann weiter ausführt, ist eine Kommuni-

19) Siehe André Kieserling, *Kommunikation unter Anwesenden: Studien über Interaktionssysteme* (Frankfurt am Main: Suhrkamp, 1999)

20) Niklas Luhmann, *Soziale Systeme: Grundriß einer allgemeinen Theorie* (Frankfurt am Main: Suhrkamp, 1984), S. 561

kationsebene, »auf der das hohe Risiko expliziten Handelns vermieden werden kann«, insbesondere »wichtig als Steuerungsebene für Scherz und Ernst, sexuelle Annäherung, Vorbereitung von Themenwechsel oder Kontaktbeendigung, Kontrolle von Takt und Höflichkeit«.[21] Mit anderen Worten: in Beziehungsfragen, also wenn es darum geht, ob man den anderen respektiert oder sich über ihn lustig macht, ob man die andere bloßstellt oder anmacht. Wenn sie sagt, da geht was, dann hat das andere Konsequenzen, als wenn er, wie zufällig, durch sein langes Haar streicht. Sobald wir Worte benutzen, um über Beziehungen zu reden, wird vor allem unbestreitbar, dass wir über unsere Beziehung reden wollen. Während man, nachdem man etwas in Worte gefasst hat, im Nachhinein kaum behaupten kann, dass man gar nichts sagen wollte, so kann man bei analogen Formen der Kommunikation diese Mitteilungsabsicht stets leugnen. Ein Zwinkern kann immer auch nur ein Augenzucken gewesen sein. Nein, es sind keine Tränen, ich habe nur was im Auge.

Paradoxerweise schafft diese Ungewissheit der Interaktionssituation eine gewisse Sicherheit, nämlich einen »weitreichenden, aber nur ›ungefähren‹ Modus des Verständigtseins, der in der ›sprachlichen‹ Kommunikation nie eingeholt werden kann«. Im Gegensatz zum Sprachhandeln, das man nur schwer leugnen kann und das man auf Nachfrage

21) Ebd.

erläutern muss, bieten Ausdrucksbewegungen »geringe Negierfähigkeit und geringe Rechenschaftspflicht, also hohe Sicherheit der Gemeinsamkeit eines (wie immer diffusen) Informationsbesitzes«.[22] Das heißt: Solange die sinnliche Wahrnehmung im Spiel bleibt, so lange bleibt eine nicht vollständig in Worte zu fassende, d. h. nicht ohne Übersetzungsverluste digitalisierbare analoge Wirklichkeit im Spiel, deren Bedeutung zwar immer uneindeutig bleibt, aber als geteilte Wirklichkeit hingenommen wird. Wir wissen zwar noch nicht, was es bedeutet, aber wir wissen beide, dass da was ist. Jeder sieht, was er sieht: »Aber dass wir *uns uns sehen sehen*, ist identisch.«[23] Zumindest insofern sind wir uns einig.

SCHRIFT ALS DIGITALE KOMMUNIKATION

Für den Anthropologen Bateson bleibt es letztlich ein Rätsel, wie Delfine ohne analoge Parasprache und Ausdrucksbewegungen die Muster und Kontingenzen von Beziehungen diskutieren. Was erstaunlich ist, denn ist das nicht auch genau die Situation beim Lesen des Beitrags von Bateson? Sind wir nicht beim Lesen, anders als beim mündlichen Vortrag, blind für die »Körperbewegungen«

22) Ebd.

23) Stefan Hirschauer, »Intersituativität. Teleinteraktionen und Koaktivitäten jenseits von Mikro und Makro«, *Zeitschrift für Soziologie*, Sonderheft: Interaktion, Organisation und Gesellschaft (2014), S. 109–133, hier S. 119

Batesons und seinen »Gesichtsausdruck«, taub für die »Obertöne der Stimme«? Wohin schaut der Mensch denn beim Liebesbrief, wenn die »begleitenden Ausdrucksbewegungen« unsichtbar bleiben?

Für die moderne Gesellschaft ist die »Entwicklung von interaktionsfrei benutzbaren Kommunikationstechniken (Schrift, Buchdruck)«[24] von zentraler Bedeutung – eine Bedeutung, die Bateson zu entgehen scheint. Die Schrift (und nicht erst der Computer) digitalisiert die Kommunikation und entlässt (bzw. verdrängt) damit den menschlichen Körper und dessen sinnliche Wahrnehmung aus der Kommunikation. Genauer gesagt, macht es die Schrift erst möglich, zwischen analog-parasprachlicher und digital-sprachlicher Kommunikation zu differenzieren, genauso wie zwischen Interaktion und Gesellschaft. Dabei handelt es sich aber keineswegs um eine neutrale Unterscheidung: Genauso wie die Interaktion verschwinden auch Ausdrucksbewegungen und Parasprache mit ihrer Entdeckung im Schatten der digitalen Schrift-Gesellschaft.

Gesellschaftliche Kommunikation findet hauptsächlich über Vermittlungen statt. Dabei bleibt der digitale Anteil der Sprache, der willkürliche, konventionelle Teil, vom jeweiligen Medium der Vermittlung zunächst einmal relativ unberührt. Gegenüber der Botschaft, so die Medienwissen-

24) Niklas Luhmann, *Die Gesellschaft der Gesellschaft* (Frankfurt am Main: Suhrkamp, 1997), S. 819

schaftlerin Sybille Krämer, übt der Bote eine gewisse Neutralität aus.[25] Das gilt aber natürlich nur, solange die Botschaft etwas ist, das sich in Sprache verpacken, das sich digitalisieren lässt. Dann bleibt der Sachgehalt einer Äußerung einigermaßen derselbe, egal ob ich z. B. eine Telefonnummer jemanden von Angesicht zu Angesicht mitteile oder am Telefon, per Brief, Whatsapp-Nachricht oder wie auch immer. Da sowieso keine natürliche Beziehung zum Träger der Sprache besteht, ist es egal, wie dieser sich materialisiert. Anders sieht es mit der Kommunikation über Beziehungsmuster aus, die zwischen Anwesenden oder Lesenden statthat: Ein »I love you« ist nicht dasselbe, wenn es von Angesicht zu Angesicht mitgeteilt wird, wie wenn es per Whatsapp-Nachricht eintrifft. Die materiellen Bedingungen der Beziehungsbotschaft (geflüstert vs. getippt) sind konstitutiv für ihre Bedeutung.[26]

Medien bestimmen, in welchem Verhältnis analog-parasprachliche und digital-sprachliche

25) Sybille Krämer, »Selbstzurücknahme. Reflexionen über eine medientheoretische Figur und ihre (möglichen) anthropologischen Dimensionen«, in: *Ökonomien der Zurückhaltung. Kulturelles Handeln zwischen Askese und Restriktion*, Hg. Barbara Gronau und Alice Lagaay (Bielefeldt: transcript, 2010), S. 39–52, hier S. 45

26) Vgl. Régis Debray, *Media Manifestos. On the Technological Transmission of Cultural Forms*, übers. von Eric Rauth (London: Verso, 1996 [1994]), S. 75

Anteile der Kommunikation zusammenkommen. Am Telefon etwa fällt die visuelle Wahrnehmung des »Gesichtsausdrucks« weg; dafür bleibt die auditive Wahrnehmung der »Obertöne der Stimme«, die in ihrer Isolierung vielleicht sogar noch verstärkt wird. Im handgeschriebenen Brief gibt es auch diese Stimmfärbung nicht mehr, aber eventuell ein Zittern der Handschrift, aus der sich einiges ablesen lässt; auch Schreiben hinterlässt Spuren von Körperlichkeit.[27] Erst Maschinenschrift tilgt die letzten Spuren des körperlichen Ausdrucks. Die Kommunikation wird vollends digital und ist damit nicht mehr an die Wahrnehmung von Körpern oder deren Spuren gebunden.

Die Schrift ist das Medium, welches Kommunikation über die Grenzen physischer Anwesenheit hinaus möglich macht. So wird eine »Desynchronisation der Kommunikation«[28] ermöglicht: Senden und Empfangen werden nicht nur räumlich, sondern auch zeitlich und sozial auseinandergezogen – ja man kann überhaupt erst jetzt, wo der Beziehungsaspekt in den Schatten gestellt wird, von getrennten Sendern und Empfängern sprechen: In der Beziehungskommunikation steckt man immer zusammen. Wie die Containerisierung (Kap. I) vergrößert auch die Digitalisierung den Raum des Ver-

27) Vgl. Friedrich Kittler, *Grammophon, Film, Typewriter* (Berlin: Brinkmann & Bose, 1986), S. 17–19

28) Luhmann, *Gesellschaft der Gesellschaft*, S. 821

kehrs und beschleunigt dessen Durchquerung. Das ist eine super Sache, überwindet man so doch die hohe Anforderung, zum Zwecke der Kommunikation zur selben Zeit am selben Ort sein zu müssen. Es schränkt schon ziemlich ein, räumlich, zeitlich und sozial, wenn man immer nur mit denen kommunizieren kann, die gerade da sind. Nur dank der Schrift ist es möglich, dass ich mir heute in meinem Zimmer in Hamburg Gedanken darüber machen kann, was der berühmte Wissenschaftler Gregory Bateson vor über 50 Jahren in einem Vortragssaal in Washington, DC, auf einer Tagung von Walforschern berichtete. Ohne Frage hat die Schrift zu einem unermesslichen Zuwachs an gesellschaftlich teilbarem Wissen geführt; es lässt sich nun auf den Erkenntnissen anderer aufbauen, ohne mit diesen persönlich in Kontakt treten und über Beziehungen diskutieren zu müssen.

Allerdings führt der Wegfall der uneindeutigen Ausdrucksbewegungen des Körpers nicht zu einer Vereindeutigung der Kommunikation. Ganz im Gegenteil: Die Schrift produziert ihre eigenen Ambivalenzen. Da die Schrift nicht im Moment des Sprechens wieder verschwindet, kann man Texte immer wieder lesen, auch zwischen den Zeilen. Deutlich wird bei einem solchen Wiederlesen, dass auch in der schriftlichen Mitteilung vieles unausgesprochen bleibt, latent, mehr oder weniger »knapp unter der Oberfläche«. Eine Sicherheit des Ungefähren ergibt sich daraus jedoch nicht.

Mit der Maschine verfasste Briefe schickt man selten Freunden. Sie sind eher geeignet für den Verkehr mit Behörden, für Rechnungen und Mahnungen, aber auch für Werbung und Verwaltungsinformationen, also Mitteilungen, die man bitte nicht allzu persönlich nehmen sollte: Es geht nicht um dich und mich, sagen diese Briefe, sondern um Geld, um Recht und Ordnung. Mit dem Massenbrief erhielten Staat und Wirtschaft die Möglichkeit, die gesamte Bevölkerung einzeln zu adressieren, ohne mit jedem Einzelnen interagieren zu müssen.

Die größte Verbreitung findet digitale Kommunikation in Form von Schrift im Buchdruck, der es in Erweiterung des Briefs ermöglicht, sich an Personen zu wenden (bzw. von diesen zu erfahren), mit denen man aller Wahrscheinlichkeit nach nie zuvor interagiert hat, die man noch nie zuvor gesehen hat und die einen nie zuvor gesehen haben. Kommunikation auf der Basis von Buchdruck ist »auf Vermittlung durch Interaktion unter Anwesenden nicht mehr angewiesen«, so Luhmann.[29] So »können viel mehr Empfänger erreicht werden, als je gleichzeitig anwesend sein könnten«.[30] Und das hat Folgen: Wenn man nicht gemeinsam anwesend ist, dann ist

29) Niklas Luhmann, *Die Realität der Massenmedien*, 2. erw. Aufl. (Opladen: WV, 1996), S. 34

30) Luhmann, *Gesellschaft der Gesellschaft*, S. 821

man als Buchleser oder -leserin nicht mehr daran gebunden, das eigene Verständnis eines Textes an dem sozial-raum-zeitlichen Kontext seiner Entstehung zu messen bzw. an den parasprachlichen Signalen des Gegenübers. Man kann sich seine eigenen, unabhängigen Gedanken machen. Die Beziehungsdimension, die noch im persönlichen schriftlichen Verkehr (Brief) nur schwer von der Hand zu weisen ist, auch wenn sie kaum sichtbar ist, gerät damit endgültig aus dem Blick. Es geht jetzt nicht mehr um dich und mich, sondern um das große Ganze: das Soziale, die Gesellschaft.

Gleichzeitig potenzieren sich die Möglichkeiten, auf den Sachgehalt der Aussage zu reagieren, und zwar mit einem weiteren Text. Im mündlichen Gespräch fallen einem die besten Antworten ja meist erst ein, wenn es zu spät ist, also wenn sich die Gesprächssituation bereits aufgelöst hat. Wenn man etwas schriftlich vor sich hat, und man Zeit hat, über das Geschriebene nachzudenken (und das, ohne dabei von Gedanken über die Beziehung zum anderen abgelenkt zu werden), fällt einem (fast) immer etwas ein. Die Schrift erlaubt, das Gegebene im Licht anderer Möglichkeiten zu sehen.[31] Und mit jeder Verschriftlichung dieser Möglichkeiten potenzieren sich diese.

31) Dirk Baecker, »Lesen, urteilen, prüfen lassen: Über die intellektuelle Funktion«, *NZZ: Internationale Ausgabe*, 24./25. 2. 2001, S. 51

Massenmedien in Form von »Büchern, Zeitschriften, Zeitungen«[32], so kann man Luhmanns Theorie vielleicht zuspitzen, werden zur Grundlage einer Gesellschaftsordnung, die von persönlichen Beziehungen absieht. Das schafft völlig neue Freiheiten. Man kann Texte verstehen, wie man will – und kann sogar ganz darauf verzichten, irgendetwas zu verstehen: Gesetze gelten unabhängig davon, ob man sie als Einzelner zur Kenntnis genommen hat. All das gelingt dem Buch, indem es die Gesellschaft mit immer mehr schriftlich-digitaler Information überschüttet, die auf gemeinsame Anwesenheit verzichten kann und immer weniger an analoge Mechanismen einer Sicherheit des Ungefähren rückgekoppelt ist. Die moderne Gesellschaft verschiebt das Verstehen in die Zukunft.

Luhmann, der die Kommunikation als zentralen Bestandteil von Gesellschaft in den Mittelpunkt gerückt hat, führt in diesem Zusammenhang die sogenannten »symbolisch generalisierten Kommunikationsmedien« ein: »Sie reagieren auf das Problem, daß mehr Information normalerweise weniger Akzeptanz bedeutet.«[33] In der Interaktionssituation ist es höchst unwahrscheinlich, dass niemand zuhört; verlässt man den geteilten Raum, ändert sich die Lage: »In anderen Situationen haben die Leute etwas anderes zu tun«, wie Luhmann

32) Luhmann, *Realität der Massenmedien*, S. 10

33) Luhmann, *Gesellschaft der Gesellschaft*, S. 316

anmerkt.[34] Warum sollte man ein Buch bemerken, warum sollte man es lesen, und warum sollte man es nicht verstehen, wie man will? Die neuen, modernen, »symbolisch generalisierten Kommunikationsmedien« reagieren auf das durch den Buchdruck verursachte Akzeptanzproblem[35], indem sie akzeptanzsteigernde Leitunterscheidungen verwenden, die die Beziehung zum einzelnen Menschen außen vor lassen: Justitia ist bekanntlich blind und entscheidet nur nach Recht und Unrecht; die Wirtschaft verwendet Geld als Leitwährung, das sich für seine Vorbesitzer nicht interessiert; die Wissenschaft führt double blind peer reviews durch, weil nur die Wahrheit zählt und nicht, wer sie erfunden hat; Zugang zur Bildung wird nur nach Qualifikation gewährt, nicht nach Herkunft – zumindest in der Theorie.

Eine Gesellschaft, die die Vorgeschichte jedes Geldscheins und die Lebensgeschichte jeder Wissenschaftlerin miteinbeziehen wollte, würde schnell überkomplex und handlungsunfähig werden. Eine

34) Niklas Luhmann, »Die Unwahrscheinlichkeit der Kommunikation«, *Soziologische Aufklärung*, Bd. 3: Soziales System, Gesellschaft, Organisation (Opladen: Westdeutscher Verlag, 1981), S. 25–34, hier S. 26

35) Niklas Luhmann, »Geschichte als Prozeß und die Theorie sozio-kultureller Evolution«, *Soziologische Aufklärung*, Bd. 3: Soziales System, Gesellschaft, Organisation (Opladen: Westdeutscher Verlag, 1981), S. 178–197, hier S. 186

Gesellschaft, die sich an »symbolisch generalisierten Kommunikationsmedien« orientiert, bildet Funktionssysteme aus, die sich den unterschiedlichen Belangen der Gesellschaft widmen und in denen man sich um Fragen von Recht und Unrecht, wahr und falsch, Haben und Soll kümmert.[36] Wer sie nutzt, weiß ungefähr, was rauskommt: ein Urteil, eine Zahlung, ein Text in einer wissenschaftlichen Publikation. Meine Frage ist nun, was passiert, wenn Kommunikation nun weder in Interaktionssystemen, noch in Form von Druckerzeugnissen und ihren »elektronischen Nachfolgern«[37] stattfindet, sondern über die mediale Infrastruktur Internet. Welcher Mechanismus produziert hier eine Sicherheit des Ungefähren?

INTERNET-KOMMUNIKATION

»(computers don't need emoticons to help them access the feeling of a message).« Mit dieser beiläufigen Bemerkung macht die Medienwissenschaftlerin Jodi Dean unmissverständlich klar, dass es sich bei elektronischer Kommunikation nicht um Kom-

36) Was man in der Alltagssprache unter Massenmedien versteht (Tageszeitungen, Fernsehen), ist nur eine spezielle Anwendung von Technologien massenmedialer Kommunikation: Sie berichten darüber, was in Wirtschaft, Politik und Wissenschaft vor sich geht – und unterhalten, zu welchem Zweck auch immer.

37) Kieserling, *Kommunikation unter Anwesenden*, S. 27

munikation zwischen ›reinen‹ Digitalwesen, also Computern, handelt: »cybernetic circuits don't exclude humans – they connect them.«[38] Die Frage ist also, wie das Internet, bzw. genauer: wie internetbasierte Anwendungen die Parameter der menschlichen Kommunikation verändern, in welches Verhältnis sie Digitales und Analoges stellen.

Allgemein gesprochen liegt die auffälligste Neuerung darin, dass die Unterscheidung von gesellschaftsweiter Kommunikation via Massenmedien und persönlicher Kommunikation in Interaktionen verkompliziert wird. Für Luhmann war alles noch ganz einfach, wenn er die Massenmedien wie folgt definiert: »Entscheidend ist auf alle Fälle: *daß keine Interaktion unter Anwesenden zwischen Sender und Empfängern stattfinden kann*. Interaktion wird durch Zwischenschalten von Technik ausgeschlossen.«[39] Buchverlage, Fernseh- und Radiosender, Kinoproduktionen: Hier wird immer nur in eine Richtung gesendet, vom Produzenten zum Rezipienten bzw. Konsumenten. Leser*innen und Radiohörer*innen können nicht auf gleichem Wege antworten, sondern höchstens auf speziell eingerichteten Leserbriefseiten oder in Radio-Call-in-Shows zu Wort kommen.

Folgt man der Unterscheidung von Massenmedien und Interaktion, dann erweist sich die Internet-

38) Jodi Dean, *Blog Theory: Feedback and Capture in the Circuits of Drive* (Cambridge: Polity, 2010), S. 95

39) Luhmann, *Realität der Massenmedien*, S. 11

Kommunikation in Form von Instant Messaging, Chats, E-Mails, privaten Facebook-Nachrichten oder Twitter-Direktnachrichten zunächst einmal als Erweiterung einer Interaktionssituation: Man könnte hier von Interaktionen unter ›Nicht-Anwesenden‹ sprechen, der Möglichkeit, »über Distanzen hinweg ›wie anwesend‹ zu kommunizieren«.[40] Man verwendet jetzt die für den Buchdruck erfundene Maschinenschrift zur persönlichen Interaktion. Während Bücher ermöglichen, von der Person abzusehen und zeitverzögert auf der Basis des Wiederlesens zu antworten, kann im Rahmen von Chats persönlich und – anders als in der herkömmlich Briefpost – sofort geantwortet werden.[41] Verschiedene technische Vorkehrungen wie die drei changierenden Punkte bei iMessage, die eine Aktivität des Gesprächspartners anzeigen, fördern das Gefühl der Synchronizität und etablieren so ein maschinenschriftbasiertes Interaktionssystem, in dem geantwortet werden *muss*.

Auch jenseits der Schrift verändern sich die Möglichkeiten der Interaktion unter Nicht-Anwesenden. Bereits das Telefon hatte das Verständnis von Anwesenheit medial infrage gestellt: Man interagiert ohne Zeitverlust und kann den anderen zumindest akustisch wahrnehmen. Bildtelefonie à

40) Christian Papsdorf, *Internet und Gesellschaft: Wie das Netz unsere Kommunikation verändert* (Frankfurt am Main: Campus, 2013), S. 123

41) Vgl. ebd., S. 70

la Skype oder Facetime erlaubt zusätzlich auch die technologisch vermittelte visuelle Wahrnehmung eines Kommunikationspartners. Die wechselseitige Wahrnehmung, die so möglich wird, unterliegt dann spezifischen medialen Bedingungen.[42] So kann man bspw. auch sich selbst auf dem Bildschirm sehen, wenn man das will, und die eigenen Ausdrucksbewegungen kontrollieren.

Inwiefern dies alles die jeweiligen Beziehungsmuster und -kontingenzen der Interagierenden beeinflusst, harrt noch der genaueren psychologischen Erforschung. Der Einfluss dieser neuen Formen der »Teleinteraktion«[43] auf die Gesellschaft wird in einem veränderten Verständnis von Selbst und Anderem innerhalb von Beziehungen bestehen. So gibt es schon jetzt Spekulationen über psychische Beschwerden von »Müdigkeit« bis »Traurigkeit« als gesellschaftliche Malaise.[44]

THE AGE OF INFORMATION OVERKILL

Ich interessiere mich hier mehr für Formen der Kommunikation, die über Interaktionen hinausge-

42) Vgl. ebd., S. 118–119

43) Hirschauer, »Intersituativität«, S. 121

44) Siehe Byung-Chul Han, *Müdigkeitsgesellschaft* (Berlin: Matthes & Seitz, 2010); Geert Lovink, *Digitaler Nihilismus. Thesen zur dunklen Seite der Plattformen*, übers. von Petra Ilyes und Andreas Kallfelz (Bielefeld: transcript, 2018), S. 79–104

hen. Auch diese verändern sich durch das Internet. Neben neuen Formen von Interaktionssystemen führt das Internet die Steigerung der Speicherung, Distribution und Zugänglichkeit von Wissen weiter fort, für die sich der Buchdruck verantwortlich gezeigt hatte. Das bringt insbesondere die »Autorität von Experten« ins Schlingern, wie Luhmann vorhersagte – 20 Jahre vor Impfskeptikern und Science March: »Im Prinzip wird in nicht allzu ferner Zukunft jeder die Möglichkeit haben, die Aussagen von Experten wie Ärzten oder Juristen am eigenen Computer zu überprüfen. Sie mögen behaupten, es gäbe für die Wirksamkeit bestimmter Medizinen keine wissenschaftlichen Beweise – und man findet sie doch. Oder es gäbe für bestimmte Rechtsfragen noch keine gerichtlichen Entscheidungen – und man findet sie doch.«[45] Dass die alten, ausgewiesenen Experten (bekittelte Ärzte, berobte Juristen) damit nicht glücklich sind, kann man sich denken.

Wie Dean gut zehn Jahre nach Luhmann betont, hat das Untergraben von Autorität aber nicht bei den alten Experten haltgemacht. Auch den neuen Laien fehlt im Internet die Autorität: »How do we know whom to believe or trust? Suspicion or even uncertainty toward expertise goes all the way down: skepticism toward politicians and the media, scientists and academics, extends to local knowledges, knowledges rooted in experience, and anything at all appearing on the internet. Not only has

45) Luhmann, *Gesellschaft der Gesellschaft*, S. 312–313

amateurism and gut-level or street knowledge supplanted what was previously considered expertise, but even amateur and everyday knowledge is now rejected as nothing more than opinion, an opinion which is necessarily limited, biased, and countered by others.«[46] Statt gesellschaftlich geteiltem Wissen gibt es im Internet hauptsächlich persönlich mitgeteilte Meinungen.

Luhmann führt der Verlust von Autorität zu der Frage, ob wir es beim Internet überhaupt noch mit einem Medium zu tun haben, welches ja als möglichst neutraler Vermittler auftreten sollte. Wer dem Internet etwas entnimmt, der weiß nie mit Sicherheit, was auf der anderen Seite eingegeben wurde: »Die Daten sind inzwischen ›verarbeitet‹ worden«, so verrät das schöne deutsche Wort der Elektronischen Datenverarbeitung (EDV). Es ist, als hätte der berühmte Bote von Marathon zwischendurch ein kleines Päuschen gemacht und seine eigenen Ansichten in die Botschaft eingefügt; heute sind es undurchsichtige, aber unsichtbare Algorithmen, die solche Veränderungen vornehmen. In der Konsequenz heißt das: »die *Autorität* der Quelle mit all den erforderlichen sozialstrukturellen Absicherungen (Schichtung, Reputation) wird entbehrlich, ja durch Technik annulliert und ersetzt durch *Unbekanntheit* der Quelle.«[47] Einen Text einem Autor zuzuordnen (und damit einem Verlag, einer Partei

46) Dean, *Blog Theory*, S. 111

47) Luhmann, *Gesellschaft der Gesellschaft*, S. 309

usw.) bedeutet nicht zwangsläufig, dass man alles glaubt, aber dass man die Aussage zumindest einzuordnen und zu bewerten weiß. Ohne Einordnung erscheint alles als persönliche Meinung, und jeder Meinung kann eine andere entgegengesetzt werden, und der wieder eine andere usw.

Mit den Autoritäten fällt also auch die Möglichkeit weg, einen Endpunkt für die Suche nach Wissen zu finden, wie Dean ergänzt: »an excess of polls, surveys, and assessments circulates, undercutting not only the efficacy of any particular poll or survey but the conditions of possibility for knowledge and credibility as such. There is always another survey, done by another group or association with whatever bias and whatever methodology, displacing whatever information one thought one had.«[48] Während der Buchdruck noch den Eindruck vermittelte, er würde das Wissen vermehren, vervielfältigt das Internet Wissenswertes bis zur Unkenntlichkeit. Man weiß einfach nicht mehr, was man noch glauben soll.

Wikipedia hatte darauf gesetzt, dass die Autorität einzelner durch eine Autorität der vielen ersetzt werden kann; wenn alle beitragen, verbessern und korrigieren, dann stellt sich am Ende die Wahrheit ein. Das wird man als Benutzer nicht im Einzelnen kontrollieren können; stattdessen muss man dem *System* Wikipedia vertrauen. Ohne Vertrauen, so hat Luhmann betont, geht es nämlich auch im Inter-

48) Dean, *Blog Theory*, S. 6

net nicht: »Die Art und Weise, wie Wissen in den Computer kommt, läßt sich zwar schwer überprüfen. (...) Das ändert natürlich nichts daran, daß jeder, der sich in der einen oder anderen Weise auf Kommunikationen verläßt, auf Vertrauen angewiesen bleibt.« In der Interaktion verlassen wir uns auf die Augen des Gegenübers, im Buchdruck auf den Namen des Autors. Im Internet gilt beides wenig: Daher »läßt sich dieses Vertrauen im Zeitalter der elektronischen Datenverarbeitung nicht mehr personalisieren (...); es ist nur noch Systemvertrauen«.[49] Man kann sich nur noch darauf verlassen, dass der Schwarm es besser weiß.

Wie es momentan aussieht, ist es mit einem solchen »Systemvertrauen« nicht sonderlich weit her. Der Umstand, dass Google, Youtube, Facebook und die anderen ihre Algorithmen, also die von ihnen erschaffenen Rechenanleitungen, nach denen Bedeutungen zugeordnet werden, geheim halten, erschwert das Vertrauen in diese. Social Bots, unsere nicht-menschlichen Kommunikationspartner, untergraben das Vertrauen weiter: »Indem sie erfolgreich die Währung ›Vertrauen‹ auf Sozialen Medien attackieren und ausnutzen, zeigen sie gleichzeitig den hohen Grad an *algorithmischer Entfremdung* an, den diese Plattformen produzieren. Die Tatsache, dass diese Bots es schaffen, erfolgreich als Menschen durchzugehen, bezeugt den äußerst prekären und sich wandelnden Status von Sozialität, der durch

49) Luhmann, *Gesellschaft der Gesellschaft*, S. 313

diese Plattformen Realität geworden ist.«[50] Die Gründe für einen solchen Vertrauensverlust liegen sicher nicht allein in den neuen Technologien und ihren Verwendungen begründet, sondern auch in den weiteren historisch-gesellschaftlichen Umständen: Dass das World Wide Web in einer Welt seinen Anfang nimmt, in der das Ende des Kalten Kriegs letzte politische Gewissheiten ausgeräumt hat (»Ende der Geschichte«) und in der eine neoliberale Ökonomie möglichst viel offenhalten will (»Der Markt wird es schon regeln«), hilft sicher auch nicht gerade dabei, stabile Gewissheiten jenseits der Gewissheit, dass nichts gewiss ist, vertrauenswürdig zu machen. Mir geht es aber hier vor allem darum, welche Konsequenzen der Vertrauensverlust für die Kommunikation via Internet hat.

Wenn im Internet nichts endgültig bewiesen werden kann, dann ist der Zweifel an ›dem System‹ das einzig Beständige. Verschwörungstheoretikern und selbsternannten System- und Elitengegnern gelingt es dabei, Vertrauen in den Umkehrschluss zu setzen, dass wenn die meistverbreitete Darstellung der Geschehnisse nicht authentifiziert werden kann, das Gegenteil wahr sein muss (auch wenn das

50) Oliver Leistert, »Social Bots als algorithmische Piraten und als Boten einer techno-environmentalen Handlungskraft«, übers. von Moritz Plewa, in: *Algorithmuskulturen. Über die rechnerische Konstruktion der Wirklichkeit*, Hg. Robert Seyfert und Jonathan Roberge (Bielefeld: transcript, 2017), S. 215–234, hier S. 229

logisch natürlich Quatsch ist). Behilflich dabei, Vertrauen in diesen Umkehrkurzschluss zu gewinnen und die vielbeschworene Dauererregung aufrechtzuerhalten, ist eine Form der Kommunikation, die als genuinste Leistung des Internets verstanden werden kann, Kommunikation zu motivieren: die »Masseninteraktion«.

MASSENINTERAKTIONEN

Nachrichten über Instant Messenger und ähnliche Formen der schriftbasierten Interaktion unter Nicht-Anwesenden machen nur einen Teil der Internetkommunikation aus, ebenso wie Repositorien, Hypertexte und andere Massen-Wissensspeicher, die das Erbe des Buchdrucks weiterzuführen suchen. Wirklich neu ist etwas anderes: Kommentare unter Blog-Einträgen oder Youtube-Videos, Posts in Foren, Nachrichten auf Messageboards, allein schon ein Retweet oder ein Daumen-hoch, richten sich gleichzeitig an Einzelne (als direkter Adressat) und an viele (als zumindest potenziell massenhaftes Publikum, das jederzeit aktiv werden kann). Das Verwenden des Like-Button bei Facebook ist sowohl persönlicher Beifall an einen Einzelnen als auch eine Botschaft an alle, dass der Gelikte gemocht wird.

In soziologischen Begriffen ausgedrückt heißt das: »Die für das System der Massenmedien typische Verbreitung mitgeteilter Informationen an ein Massenpublikum wird dabei gepaart mit mediatisierter Interaktion«.[51] Damit kommt etwas zum Vorschein, das in Luhmanns Welt von mündlichem Gespräch einerseits und Buch und Fernsehen andererseits noch ausgeschlossen schien: *Masseninteraktionen erweitern sowohl den Kreis der an Kommunikation Teilnehmenden und binden zugleich deren Aufmerksamkeiten eng aneinander.* In anderen Worten: Masseninteraktionen digitalisieren und analogisieren die Kommunikation zu gleichen Teilen.

Ein Beispiel: Die Liveberichterstattung zu den parlamentarischen Auseinandersetzungen um den Brexit auf der *Guardian*-Webseite wurde am 5. September 2019 37.129 Mal kommentiert, innerhalb eines Tages! Spitzenwerte für einzelne Artikel liegen bei 65.000 Kommentaren.[52] Zwar richten sich die Kommentare häufig direkt an den Autor bzw. die Autorin eines Textes bzw. einzelne Aussagen in diesem Text, aber aufgrund der Menge der Mitteilungen ist das Zustandekommen dieses spezifischen Interaktionssystems praktisch unmöglich, da die Autorin bzw. der Autor niemals alle Kommentare lesen, geschweige denn beantworten kann. Damit ist klar, dass sich die Kommentare vor allem an

51) David Schünemann, *Die Social-Coding-Revolution. Masseninteraktionen in der kollaborativen Softwareentwicklung* (Wiesbaden: Springer VS, 2018), S. 11

52) Stephen Pritchard, »The readers' editor on … closing comments below the line«, *The Guardian*, 27. 3. 2016, https://www.theguardian.com/commentisfree/2016/mar/27/readers-editor-on-closing-comments-below-line

ein anonymes Massenpublikum richten. Dennoch sind sie im Ton einer informellen Interaktion formuliert. Bei der Nutzung klassischer Massenmedien wusste man zwar nicht, wen man erreicht, aber man wusste, wer antwortet: niemand; in der Interaktion weiß man von vornherein, wer antworten wird: das Gegenüber. In der Masseninteraktion weiß man nicht, wer von den vielen, die man erreicht, antworten und zum Gegenüber werden wird: Man muss immer auf eine Überraschung gefasst sein.

Ebenfalls am 5. September, aber diesmal in Bezug auf einen Artikel über ein Cricket-Match, kommentiert ein User mit dem schönen Namen »IcommentthereforeIam« die Zeile des Haupttextes »... a beach ball escaped from the Party Stand ...« mit den Worten: »Er, what? Party Stand? Not sure what's the more worrying thing at a Test Match – a rave, or more bloody politics. This is not cricket, chaps!« Zwar wird sich hier zunächst auf eine Aussage des Autors des Artikels bezogen, angesprochen wird aber die unbekannte und unbegrenzte Gruppe der Leser*innen der Webseite. Anders als in einem traditionellen Zeitungsartikel wird die Leserschaft allerdings nicht als distanziert-anonyme Öffentlichkeit angesprochen, sondern als eine Art ›Kumpelgruppe‹ (»chaps!«), der man locker begegnen darf: »Er, what?« Dieser Kumpelgruppe wird dann zugetraut, die ironische Auseinandersetzung mit der Doppeldeutigkeit des Begriffs »Party Stand« (Feiertribüne/Parteistand) zu goutieren.

Was wie eine Interaktion wirkt, kann aber keine sein: Es ist unwahrscheinlich, dass einem solche Feinheiten im Gespräch auf- und einfallen würden; erst die schriftliche Fassung erlaubt das Herauslesen solcher Doppeldeutigkeiten. Gleichzeitig ist es auch unwahrscheinlich, dass beim Lesen jemand anwesend ist, der bzw. die den Witz zu goutieren wüsste. Stellt man seinen ›spontanen‹ Kommentar hingegen ins Internet, so erhöht sich die Wahrscheinlichkeit, dass jemand das erstens liest, zweitens witzig findet und drittens darauf antwortet.[53] Dasselbe gilt dann auch für die gewitzte, zurückweisende oder zustimmende Antwort auf den Kommentar, die wieder an einen gerichtet ist, nämlich an »IcommentthereforeIam«, aber auch an alle. Es ist, als würden wir einer *Friends*-Folge beiwohnen, bei der jeder Gag am Küchentisch sitzt.

Dank des Internets kann man massenhaft Einzelne ansprechen; dank des Internets kann man sich von massenhaft zugänglichen Mitteilungen persönlich angesprochen fühlen. Es ist diese Möglichkeit, ein plurales »Du« anzusprechen, die sich die Algorithmen der Datenverarbeitung zunutze machen: »Der Clou besteht darin, dass aufgrund möglichst vieler personenspezifischer Informationen Kommunikationssituationen geschaffen werden, die Face-to-Face-Interaktionen möglichst ähnlich sind.«[54] Während die Gatekeeper der Buch-

53) Vgl. Schünemann, *Die Social-Coding-Revolution*, S. 63

54) Papsdorf, *Internet und Gesellschaft*, S. 73

welt die Meinungsäußerung regulierten, kontrollieren die neuen Algorithmen vor allem, was einen erreicht. Wir fühlen uns persönlich angesprochen und geben daraufhin Persönliches preis; das erhöht wiederum die Möglichkeiten, uns persönlich anzusprechen und damit weitere persönliche Antworten zu generieren. Wir sind eben keine Fernsehzuschauer auf dem heimischen Sofa, sondern sitzen mit am Tisch der *Friends*. Und das wollen wir; deshalb geben wir all das Persönliche preis, weil es sich gut anfühlt, sich persönlich angesprochen zu fühlen, bekannt zu sein, gesehen zu werden.

Aber: Unter Bekannten, die man gar nicht kennt, macht man sich auch angreifbar. Die Möglichkeit, zugleich massenmedial und interaktionell zu kommunizieren, führt sowohl dazu, dass man dem allgemeinen Autoritätsverlust Rechnung trägt und die eigenen Aussagen mit einem steten Vorbehalt veröffentlicht (»Das ist nur meine Meinung, das wird man ja wohl noch sagen dürfen«), als auch, dass man die Kommunikation anderer persönlich nimmt und empfindlich bis ausfällig auf diese Meinungen reagiert (»Kommentar vom Moderator entfernt«). Die Möglichkeit des analogen Abgleichs insbesondere bei Auffassungen von Takt und Humor geht in der Interaktion unter Nicht-Anwesenden weitgehend verloren, was besonders in der Masseninteraktion Folgen hat: Ohne die Sicherheit des Ungefähren kennt das (willentliche) Missverstehen und die digitale Nachfrage kein Ende. Vom Gesehenwerden zum Shitstorm sind es nur ein paar Klicks.

Der Buchdruck hatte es uns freigestellt zu antworten oder auch nicht und zugleich die Möglichkeit einer medial verbreiteten Antwort mit hohen Hürden versehen: Man musste Reputation haben, einen Verleger finden usw. Das Internet macht die weite Verbreitung einer Antwort nicht nur leichter, es verlangt auch eine Antwort, die innerhalb von Interaktionen nicht ausbleiben darf: Man kann in Masseninteraktionssystemen nicht einfach nicht kommunizieren. Das Buch kann man weglegen; Face-to-Face-Interaktionen kann man beenden, indem man weggeht. Der Masseninteraktion kann man nicht entfliehen, solange man das Smartphone in der Hand hält: Das Ping der eingetroffenen Nachricht ist nicht einfach nur ein Störgeräusch, sondern die Ankündigung einer beginnenden Interaktion, die die Beteiligten an sich binden will – und gegebenenfalls aus der Interaktion unter Anwesenden herausreißt.[55]

Auch die neuen Masseninteraktionssysteme stellen der Unendlichkeit des Internets eine Möglichkeit der Akzeptanzsteigerung und des Kontrollgewinns entgegen. Im Internet orientiert sich die Akzeptanzsteigerung jedoch nicht an unpersönlichen Unterscheidungen (Geld, Wahrheit, Macht), sondern an Mustern der Interaktion, d. h. an Per-

55) Vgl. Kieserling, *Kommunikation unter Anwesenden*, S. 150; dort noch mit Bezug auf das Klingeln des Telefons.

sonen und Themen. Über die Funktion des Teilens bei Facebook[56], dem Folgen bei Twitter und Instagram oder andere Empfehlungssysteme wird das persönlich relevante bzw. das, was Algorithmen dafür halten, herausgefiltert. So beobachten wir nicht mehr die Welt als solche, sondern eben nur ausgewählte Beobachter, denen wir gewillt sind, mehr oder weniger passiv zu folgen – obwohl wir stets agieren könnten.

»Wenn man nur noch Beobachter zu beobachten hat, liegt darin zunächst eine drastische Reduktion« andernfalls schier unendlicher Möglichkeiten, schreibt Luhmann, »aber zugleich eine Reduktion, die in jedem Falle die Option öffnet, ob man das Beobachtete dem Beobachter und seiner Unterscheidung zurechnen will oder dem, was er beobachtet. ›Stimmt das‹, was gesendet wird, oder ist es durch ein besonderes Sendungsbewußtsein ausgewählt, stilisiert, verfälscht, erfunden?«[57] Wir wissen es nicht. Für die einen ist @RealDonaldTrump der Zugang zur Wahrheit des Systemmisstrauens, für die anderen der Höhepunkt von Selektivität,

56) Siehe speziell dazu Sascha Dickel, »Im Netz der Selbstreferenz. Facebook-Kommunikation als Antwort auf die ›Katastrophe‹ des Internet«, in: *Internet, Mobile Devices und die Transformation der Medien. Radikaler Wandel als schrittweise Rekonfiguration*, Hg. Ulrich Dolata und Jan-Felix Schrape (Berlin: edition sigma, 2013), S. 331–356

57) Luhmann, *Gesellschaft der Gesellschaft*, S. 313

Manipulation und Heuchelei. Sicher ist nur, beide Seiten haben einen Anlass zum Retweeten, Verlinken und Kommentieren.

ANTRIEBE

Das ganze Posten, Liken, Tweeten und Retweeten bleibt eine schwer zu erklärende Aktivität: Man weiß nicht, ob überhaupt jemand liest, ob jemand reagiert und wie der Beitrag ankommt. Und eigentlich hat man ja auch gerade etwas anderes zu tun. Und trotzdem macht man mit. Während der Körper als Objekt der wechselseitigen Wahrnehmung aus der Masseninteraktion ausgeschlossen bleibt, wird er jetzt als Subjekt der Aktivität umso wichtiger. Es macht zwar keinen Sinn zu liken und zu linken, aber es kitzelt im Bauch. Die kleine kurze Aufwallung, die jedes Ping auslöst, jede neue Push-Mitteilung und jeder neue Kommentar, jeder Retweet, jedes Like und jede neue Verlinkung binden uns an ein System, dem wir nicht vertrauen. Wir machen mit, selbst wenn wir uns nur amüsieren wollen: Wir öffnen Youtube, um ein wenig Ablenkung von der Welt zu genießen, aber alles ist durch Personalisierung darauf ausgerichtet, dass wir mitmachen, sharen, liken, kommentieren.

Die Möglichkeit zur Partizipation wird zum inneren und äußeren Zwang: »In fact, the open architecture of the internet enables and requires the capture of enjoyment insofar as it is premised on users' contributions, alterations, and engagement.

It's not like cinema, where people only have to show up. For the internet to function at all (…), people have to use it, add to it, extend it, play with it. Our participation does not subvert communicative capitalism. It drives it.«[58] In anderen Worten: Unsere Triebe sind der Antrieb des Internets. Und Nicht-Mitmachen ist auch keine Lösung; selbst Dinge, die nicht passieren, fassen uns an: »Even failures to forward and refusals to link have affective impact: *Why didn't she friend me? Why didn't he put me on his blogroll?* In a world of code, gaps and omissions can become knots of anxiety.«[59] Dass die Zeitung nicht mit einem redet, wusste man, und dass es mit der Antwort auf einen handgeschrieben Brief etwas dauern kann, wusste man auch. Aber im Internet könnte man ja antworten, sofort. Und im Internet weiß man sogar, dass der andere die Nachricht wahrgenommen hat – dafür gibt es bei Whatsapp bunte Häkchen.[60] Umso schlimmer, wenn die Antworten, Kommentare, Likes und Retweets dann ausbleiben. Dann muss man selbst wieder tätig werden.

Das Analoge bleibt bei der Internetkommunikation im Modus der Masseninteraktion also keineswegs außen vor; auch was wie eine rein digitale, körperlose Kommunikation aussieht, benötigt die Materialität des menschlichen Körpers und die Antriebskraft seiner Begierden. Unterscheidet man

58) Dean, *Blog Theory*, S. 114

59) Ebd., S. 96

60) Siehe Lovink, *Digitaler Nihilismus*, S. 91–93

den für das Gegenüber abwesenden Körper von der eigenen leiblichen Erfahrung, dann »wird deutlich, dass mediatisierte Kommunikation unter den richtigen Rahmenbedingungen analog zur Interaktion unter Anwesenden als leiblich-affektiv betroffen machende Interaktion erlebt werden kann«.[61] Man muss sogar noch weiter gehen: Tatsächlich geht es eben nicht allein um leiblich-affektive Betroffenheit, sondern um psycho-hormonelle Energie, ohne die dem Internet der Antrieb fehlen würde.

Anders als Luhmanns Buchdruck spricht die Masseninteraktion des Internets auch die Beziehungsebene der Kommunikation an. Während Buch und Fernsehen für gewöhnlich die Frage zu verhindern wissen, warum sie senden, was sie senden, lädt der interaktionelle Gehalt des Tweets eben genau dazu ein zu fragen: »Why are you sending me this?«[62] Und was heißt das für unsere Beziehung? Eine beruhigende Antwort darauf gibt es nicht. Eine Stabilität in der Sicherheit des Ungefähren zu finden, scheint im Internet unmöglich. Die Interaktion unter Abwesenden bindet zwar die Aufmerksamkeit, aber sie bietet keine wechselseitige Wahrnehmung analoger Ausdrucksbewegungen. Zum »weitreichenden, aber nur ›ungefähren‹ Modus des Verständigtseins, der in der ›sprachlichen‹ Kommunikation nie eingeholt werden kann«, kommt es

61) Schünemann, *Die Social-Coding-Revolution*, S. 122

62) Dean, *Blog Theory*, S. 101

nicht[63]; genauso wenig zur ungefähren Erwartungssicherheit der symbolisch generierten Kommunikationsmedien. Wenn die körpergebundene Evidenz der Beziehungskommunikation fehlt, werden immer neue digitale Versicherungen nötig, um die Unsicherheit zumindest aufzuschieben. Deswegen können wir es einfach nicht gut sein lassen und klicken immer weiter.

Solange Interaktionssysteme auf die physische Anwesenheit der Beteiligten angewiesen sind, kann man davon ausgehen, dass Begegnungen von begrenzter Dauer, begrenztem Umfang und begrenzter Wirkung sind. Was die Gesellschaft bewegt, fand traditionellerweise anderswo statt. Das Internet ermöglicht es jetzt, die Vermittlung zwischen Interaktion und Gesellschaft neu zu gestalten. Vielleicht kann die massenhaft interaktionell begründete Klick-Energie nun sogar genutzt werden, um Probleme anzugehen, die die bestehenden, interaktionsunabhängigen Funktionssysteme (Wirtschaft, Recht, Politik) und ihre jeweiligen Organisationen nicht in den Griff bekommen (globale Umweltschäden, transnationale Ausbeutung, asymmetrische Kriege).

Masseninteraktionen bringen die alte Ordnung der Kommunikation durcheinander und bieten Möglichkeiten, die bisher nur zu erahnen sind. Sie scheinen zunächst da Chancen zu bieten, wo im

63) Ebd.

Raum verstreute Akteure ein gemeinsames Anliegen bindet. So können z. B. scheinselbständige Home-Office-Gig-Worker oder mobile Lieferantinnen für einen gemeinsamen Arbeitskampf im virtuellen politischen Raum zusammenkommen, für die die klassischen Voraussetzungen des Streiks (immobiler Arbeitsplatz, gemeinsame Anwesenheit, geteilte Bedingungen) nicht mehr bestehen.[64] Genauso können aber auch INCELs, Identitäre und andere die Anonymität der massenmedialen Teilhabe und die identifikatorische Motivation der Interaktion miteinander rückkoppeln und daraus Verstärkereffekte für die Radikalisierung von sich selbst und anderen erzielen; Internetgruppen erlauben es, sich anerkannt und gesehen zu fühlen, ohne sich zu erkennen zu geben.[65] Wer die Möglichkeiten der Masseninteraktionen am besten zu nutzen weiß, wird sich zeigen. Wer den menschlichen Körper dabei nicht miteinberechnet, wird es auf jeden Fall nicht sein. Ebenso wenig, wer die materielle Internetinfrastruktur jenseits des Menschlichen außer Acht lässt.

64) Siehe Marco Briziarelli, »Spatial Politics in the Digital Realm: the Logistics/Precarity Dialectics and Deliveroo's Tertiary Space Struggles«, *Cultural Studies* 33:5 (2019), S. 823–840

65) Siehe Maik Fielitz und Holger Marcks, *Digital Fascism: Challenges for the Open Society in Times of Social Media* (Berkeley: Berkeley Center for Right-Wing Studies, 2019)

III.
DAS LAND DER WANDELNDEN SEELEN
GLASFASER-INFRASTRUKTUREN

UNSICHTBARE VERBINDUNGEN

Wenn wir uns das Smartphone vor die Augen halten (telefonieren tut man damit inzwischen ja eher weniger), dann sehen wir nicht, was jenseits des Bildschirms geschieht: Instagram und ähnliche Social Media-Apps verlangen unsere ganze Aufmerksamkeit. Vor allem sehen wir nicht, wie das, was wir sehen, auf den Bildschirm kommt. Manchmal sehen wir Funkmasten, aber auch die sind häufig versteckt oder getarnt oder einfach außerhalb unseres Sichtfelds. Unsere Verbindung zur Welt scheint keine festen Wege zu benötigen, wie von Geisterhand kommen die Daten aus der Cloud herangeflogen und materialisieren sich in unserer Hand. Tatsächlich sind es aber meist nur die letzten Meter, auf denen Funkwellen die Datenübertragung garantieren; der größte Teil der Strecke wird nicht *wireless* zurückgelegt. Endlose Glasfaserkabel sind nötig, damit WLAN und 5G möglich werden: Damit standardisierte Datenpakete (eine Art Global-Container für zu transportierende Informationen) in Form von Lichtwellen innerhalb weniger Millisekunden Tausende von Kilometern überbrücken können, benötigen sie die Diskretion und die Dunkelheit eines Kabels. Aber auch diese Kabel sehen wir meist nicht.[1]

1999, auf dem Höhepunkt des sogenannten Dotcom-Booms kurz vor dem Platzen der Blase, vollendete das Telekommunikationsunternehmen Alcatel die Verlegung eines solchen Glasfaserkabels in Kambodscha, von der vietnamesischen bis zur thailändischen Grenze, quer durch das Land und die Hauptstadt Phnom Penh. Dass gerade ein französisches Unternehmen hier tätig wurde, war alles andere als Zufall: Nicht nur war Alcatel in den 1990ern einer der bedeutendsten Hersteller von Glasfaserkabeln, seit Mitte des 19. Jahrhunderts bis zur endgültigen Unabhängigkeit 1954 war Kambodscha auch Protektorat der französischen Kolonialmacht. Bezahlt wurde das Glasfaserprojekt nur zu einem sehr geringen Teil von der Regierung Kambodschas; nach 40 Jahren Krieg und Bürgerkrieg fehlten dafür die Mittel. Auch Alcatel handelte nur im Auftrag. Den Großteil der Kosten übernahm die deutsche Kreditanstalt für Wiederaufbau (KfW).

Damit globale Daten durch Kambodscha fließen können, müssen sie erst einmal in die Nachbarländer Thailand und Vietnam kommen. Das geschieht nicht unter der Erde, sondern unter dem Meer; das Rückgrat des Internets bilden Unterseekabel. Bereits 1988 wurde zwischen Tuckerton, New

1) Vgl. Andrew Blum, *Kabelsalat: wie ich einem kaputten Kabel folgte und das Innere des Internets entdeckte*, übers. von Richard Barth (München: Knaus, 2012), S. 191

Jersey, und Widemouth Bay in Großbritannien das erste transatlantische Telekommunikationskabel verlegt, das nicht wie bisher aus Kupfer (davon lagen schon sieben auf dem Boden des Atlantiks), sondern aus Glasfaser gefertigt war. Im folgenden Jahr wurde die Westküste der USA mit Japan verbunden; so konnten die größten Industrienationen in Millisekunden miteinander kommunizieren.[2] Die Durchquerung der USA von Ost nach West war bereits Mitte der 1980er vollendet worden, allerdings hatte man da überwiegend noch die Telefonnutzung im Sinn gehabt; entlang alter Bahntrassen und durch bestehende Abwasserkanäle wurden in wenigen Jahren Zigtausende Kilometer verlegt.[3] Ende 1989 konnten ›weltweit‹ um die 150.000 Computer miteinander vernetzt werden – im Vergleich dazu waren es 1985, vor dem Verlegen der Glasfaserkabel, nur etwa 2.000.[4] Mit Abstand die meisten davon standen in den USA, Japan und Westeuropa.

2) Siehe C. David Chaffee, *Building the Global Fiber Optics Superhighway* (New York: Kluwer/Plenum, 2001), S. 17–19; Jeff Hecht, *City of Light. The Story of Fiber Optics* (New York: Oxford University Press, 1999), S. 201–215

3) Siehe C. David Chaffee, *The Rewiring of America. The Fiber Optics Revolution* (Boston: Academic, 1988)

4) Siehe Janet Abbate, *Inventing the Internet* (Cambridge, MA: MIT, 1999), S. 188. Die genauen Zahlen sind unter Internethistoriker*innen umstritten, nicht jedoch das exponentielle Wachstum.

Die neuen gläsernen Kabel folgten anfangs etablierten Routen, aber die neuen Möglichkeiten der Kabel blieben nicht ohne Folgen: 1990 wurde eine Standleitung zwischen dem CERN, einem Forschungsinstitut in der Schweiz, und der Cornell University in den USA eingerichtet; diese feste Verbindung ermöglichte den europäischen Forschern stabilen und schnellen Zugang zum amerikanischen National Science Foundation Network, welches die wichtigsten amerikanischen Universitäten verband. Auf dieser Basis entwickelten in der Schweiz tätige Informatiker das Word Wide Web, das Internet als Vernetzung von Homepages, wie wir es bis heute kennen. Die erste Webseite ging 1991 online.

Webbrowser machten das Internet bald einer größeren Öffentlichkeit zugänglich, soweit sie über einen Heimcomputer und einen Netzwerkanschluss verfügten. Das Internet hatte sich damit von einem staatlich-militärischen Forschungsprojekt zum privat-populären Kommunikationsmedium gewandelt. Schon bald reichten die Bandbreiten von Kupferkabeln und Satellitenverbindungen nicht mehr aus, um schnell komplexer werdende Webseiten am anderen Ende der Welt aufrufen zu können. Privatwirtschaftliche Anbieter übernahmen in der Folge den Ausbau der Internetinfrastruktur, welche zuvor in den Händen des US-Militärs und später der US-Wissenschaftsbehörde lag. In den Boom-Zeiten von 1994 bis 1999 stieg die Zahl der Internetnutzer von etwa 4 auf über 250 Millionen.[5] Niemals zuvor wurden so viele neue Kabel verlegt, und auch seitdem nicht mehr.[6]

Es galt, die ganze Welt zu vernetzen: Immer mehr Regionen sollten eingebunden werden. SEA-ME-WE 2 (South-East Asia – Middle East – Western Europe 2) war das erste Glasfaserkabel, das Europa mit dem Mittleren Osten und Südostasien verband; durch die Straße von Gibraltar und den Sueskanal, vorbei am Horn von Afrika und Sri Lanka führte das Kabel von Frankreich bis nach Singapur. Zum Zeitpunkt seiner Fertigstellung im Herbst 1994 war SEA-ME-WE 2 mit über 18.000 Kilometern das längste Glasfaserkabel der Welt.[7] Das »Fiber-Optic Link Around the Globe«-Projekt, kurz FLAG, wurde im November 1997 fertiggestellt und toppte SEA-ME-WE 2 noch einmal: Ein gut 28.000 Kilometer langes Glasfaserkabel verband jetzt Porthcurno an der Westküste Englands mit Miura in Japan. Dabei wurde 16 Mal angelandet: in Spanien, Italien, Ägypten, Jordanien, Saudi-Arabien, in den Vereinigten Arabischen Emiraten, in Indien, Malaysia und Thailand, in Hongkong, China und Südkorea. Zur gleichen Zeit wurde Asien auch über Land mit Europa

5) TeleGeography, *Hubs and Spokes: A TeleGeography Internet Reader* (Washington, DC: TeleGeography, 2000), S. 33

6) Siehe Nicole Starosielski, *The Undersea Network* (Durham, NC: Duke University Press, 2015), S. 9, 53

7) Siehe Anton A. Huurdeman, *The Worldwide History of Telecommunications* (Hoboken, NJ: Wiley-Interscience, 2003), S. 462

verbunden: Das Trans-Asia-Europe Optical Fiber Cable System (TAE) etablierte eine 17.000 Kilometer lange Direktverbindung von Frankfurt nach Schanghai und versorgte die Binnenländer auf dem Weg.[8] Wie man sieht: Es wurden keine Kosten und Mühen gescheut.

Aber damit nicht genug: SEA-ME-WE 3 wurde direkt im Anschluss an FLAG zwischen 1997 und 2000 verlegt und war noch ambitionierter, verband es doch 39 Landungspunkte in 33 Ländern auf vier Kontinenten.[9] Insgesamt hatte das Kabel eine Länge von 39.000 Kilometer; entsprechend des globalen Umfangs, der vielfältigen Produktionsbedingungen und der hohen Kosten des Unterfangens (ca. 2 Milliarden D-Mark) beteiligten sich sage und schreibe 92 Unternehmen am multinationalen Trägerkonsortium. (2019 werden die Unterseekabel zum größten Teil von denen verlegt, die den größten Datenhunger haben: Google, Microsoft, Amazon, Facebook.[10]) Zu den FLAG-Ländern kamen mit SEA-ME-WE 3 noch Deutschland, Belgien, Frankreich, Portugal, Marokko, Griechenland, die Türkei, Zypern, Dschibuti, der Oman, Pakistan, Sri Lanka,

8) Ebd., S. 458–459

9) »Background«, *SEA-ME-WE3*, http://www.smw3.com/smw3/SignIn/Background.aspx

10) Adam Satariano, »How the Internet Travels Across Oceans«, *New York Times*, 10. 3. 2019, https://www.nytimes.com/interactive/2019/03/10/technology/internet-cables-oceans.html

Indonesien, Singapur, Myanmar, Brunei, Vietnam, die Philippinen und Macau hinzu, auch Australien wurde mit eingebunden. All diese Länder, fast die ganze Welt hatte jetzt einen eigenen, schnellen Zugang zum Internet. Nur an der Küste Kambodschas wurde nicht angelandet. Zahlungskräftige Abnehmer hoher Datenraten wurden dort nicht erwartet: Die geschätzte Zahl von ›weltweit‹ 250 Millionen Internetnutzern für 1999 entsprach immer noch nur 4 Prozent der globalen Bevölkerung.

Hier setzte die deutsche Kreditanstalt für Wiederaufbau (KfW) an, die sich auch um die Unterstützung von sogenannten Entwicklungsländern bemüht – und Verbesserung der Kommunikationsmöglichkeiten bedeutet im Denken der Entwicklungshilfe einen Schritt in Richtung Modernisierung.[11] Mithilfe der KfW wurde eine Übertragungsstrecke von 615 Kilometer Länge errichtet, die Digital Transmission Trunkline Cambodia (DTTC). Im Abschlussbericht des Projekts heißt es über die DTTC: »Sie ermöglicht nicht nur die terrestrische Anbindung wichtiger Provinzstädte in Kambodscha, sondern erstmals auch eine landgestützte Telekommunikationsverbindung zwischen Kambodscha, Thailand und Vietnam.« Thailand

11) Vgl. Armand Mattelart, *Networking the World, 1794–2000*, übers. von Liz Carey-Libbrecht und James A. Cohen (Minneapolis: University of Minnesota Press, 2000 [1996]), S. 49, 56

und Vietnam waren ja dank SEA-ME-WE bereits an das internationale Netz angeschlossen, und die Anbindung Kambodschas schien dringend geboten: Wie die OECD 1997 berechnete, benötigte ein Datenpaket für die nur knapp 2.200 Kilometer von Singapur nach Phnom Penh und zurück etwa 1,1 Sekunden, für die über 25.000 Kilometer von Singapur nach San Francisco und zurück dagegen nur 0,4 Sekunden; nach Kambodscha brauchten die Daten 30 Mal länger als anderswohin. Eine erste global-statistische Auswertung des Internetverkehrs zeigt Kambodscha folgerichtig als besonders gering entwickelt.[12]

Von dem Glasfaserkabel erhoffte die KfW sich eine erhebliche Verbesserung der kambodschanischen Infrastruktur, die durch den Ausbau traditioneller Verkehrs- und Transportwege nur sehr schleppend vorankam: »Der Ausbau des Telekommunikationsnetzes eröffnet effiziente Alternativen zur Übermittlung von Informationen über große Entfernungen und trägt so dazu bei, vorhandene Schwächen der Infrastruktur (Straße und Schiene) teilweise zu kompensieren.« Da eine Industrialisierung des Landes in weiter Ferne schien, weil weder Verbrauchs- noch Endprodukte industrieller Fertigung rentabel durchs Land transportiert werden konnten, setzte man auf eine im Entstehen begriffene Informationswirtschaft: »Im Zuge der Globalisierung ist die Verbesserung der Telekom-

12) TeleGeography, *Hubs and Spokes*, S. 17, 20

munikationsinfrastruktur zudem eine Voraussetzung für das Outsourcing von Geschäftsaktivitäten in Niedriglohnländer wie Kambodscha.«[13] Ohne Kommunikation keine Arbeitsteilung: nicht in der Fabrik, und vor allem nicht im »global workshop«.[14] Während die Eisenbahn (vor allem in den Kolonien) in erster Linie der Gewinnung/Ausbeutung von Rohstoffen diente, zielt die Datenautobahn hier auf die Einbindung/Ausbeutung von Arbeitskräften.

DYS-APPEARANCE

Medien und ihre Infrastruktur werden gemeinhin erst dann sichtbar, wenn sie nicht funktionieren; erst die Dysfunktion bringt die Vermittlungsebene zur Erscheinung – so wie der Inhalt des Containers erst im Unfall sichtbar wurde (Kap. I). Wenn das Zelluloid des Films Feuer fängt oder das Fernsehbild zu wackeln beginnt, wenn es also eine Unterbrechung gibt, wird offensichtlich, dass Leinwand und Bildschirm keine Fenster zur Welt sind, sondern komplexe Apparate zur Herstellung von Wirklichkeit. Das gilt auch für die mediale Infrastruktur:

13) KfW-Entwicklungsbank, »Kambodscha: Telekommunikation I. Abschlussbericht«, S. 1, https://www.kfw-entwicklungsbank.de/Evaluierung/Ergebnisse-und-Publikationen/PDF-Dokumente-E-K/Kambodscha_TelekommunikationI_2005.pdf

14) Mattelart, *Networking the World*, 1794–2000, S. 5, 6

Die Gefahren der Zelluloidherstellung bleiben im Normalfall ebenso im Verborgenen wie die mühsame Distribution riesiger Filmrollen. Wer schon einmal versucht hat, einen Verantwortlichen für den kaputten Internetanschluss im eigenen Heim zu finden, hat zumindest eine Ahnung davon, wie viele Institutionen und Organisationen (Router-Hersteller, Netzanbieter, Telekommunikationsanbieter usw.) reibungslos zusammenarbeiten müssen, damit die Daten ungehindert fließen – Institutionen und Organisationen, für die wir uns im Normalfall, also wenn alles läuft, nur wenig interessieren.

Tatsächlich ist das Verschwinden (bzw. Nicht-in-Erscheinung-Treten) der Medien und ihrer Infrastruktur Voraussetzung für ihren Gebrauch: Es ist schwer genug, dem verwirrenden Plot von *Game of Thrones* zu folgen, wenn man sich voll darauf konzentriert; unmöglich wird es, wenn man dann noch ständig über das Design des Fernsehgeräts, den Staub auf dem Bildschirm, die Funktion des Receivers und die Modalitäten des Sky-Abos nachdenkt. »Wir können also resümieren,« so die Medienwissenschaftlerin Sybille Krämer, »dass die aisthetische Selbstneutralisierung zur Funktionslogik von Medien gehört. Medien vergegenwärtigen, indem sie selbst dabei zurücktreten und unterhalb der Schwelle des Wahrnehmens verbleiben: So kann das Vermittelte als ein ›Unmittelbares‹ erscheinen. Das ist auch der Grund, dass nahezu *allen* Medien – und nicht erst den computergenerierten virtuellen Welten – eine Tendenz zur ›Immersion‹, zum Eintauchen durch den Mediennutzer eigen ist. Medien funktionieren umso reibungsloser, je mehr sie uns ihre Zwischen- und Mittlerstellung gerade übersehen und vergessen lassen.«[15] Zum »reibungslosen« Funktionieren von Medien gehört also, dass wir sie nicht »aisthetisch«, d. h. mit unseren Sinnen, wahrnehmen; zum »reibungslosen« Funktionieren von Medien gehört, dass wir sie entmaterialisieren.[16]

Infrastruktur bezeichnet die »zirkulativen Grundlagen unserer Gesellschaft«: »alles Stabile, das notwendig ist, um Mobilität und einen Austausch von Menschen, Gütern und Ideen zu ermöglichen«.[17] Auch Infrastrukturen bleiben unsichtbar, wenn man sie nutzt; erst wenn sie nicht mehr geräuschlos im

15) Sybille Krämer, »Selbstzurücknahme. Reflexionen über eine medientheoretische Figur und ihre (möglichen) anthropologischen Dimensionen«, in: *Ökonomien der Zurückhaltung. Kulturelles Handeln zwischen Askese und Restriktion*, Hg. Barbara Gronau und Alice Lagaay (Bielefeldt: transcript, 2010), S. 39–52, hier S. 42

16) Das Umgekehrte gilt natürlich für den Medienwissenschaftler: »Wem es also gelingt, im Synthesizersound der Compact Discs den Schaltplan selber zu hören oder im Lasergewitter der Diskotheken den Schaltplan selber zu sehen, findet ein Glück«; Friedrich Kittler, *Grammophon, Film, Typewriter* (Berlin: Brinkmann & Bose, 1986), S. 5

17) Dirk van Laak, *Alles im Fluss: die Lebensadern unserer Gesellschaft. Geschichte und Zukunft der Infrastruktur* (Frankfurt am Main: Fischer, 2018), S. 12, 13

It provided an opportunity for
many Cambodians to find work
on a project that lasted several months.

Hintergrund laufen, wenn es stockt, erscheinen sie: »The normally invisible quality of working infrastructure becomes visible when it breaks: the server is down, the bridge washes out, there is a power blackout.«[18] Wenn alles im Fluss ist, alles reibungslos läuft, dann bleiben Medien und ihre Infrastruktur unterhalb der Wahrnehmungsschwelle, im Schatten – und verrichten ihre komplexe, spezifisch motivierte und technisch anspruchsvolle Arbeit ohne unser Wissen.

Wahrnehmbar wird die Medieninfrastruktur und in diesem Fall insbesondere das Glasfaserkabel aber nicht nur im Moment der *Unterbrechung des Gebrauchs*, sondern auch im *Prozess der Herstellung*. Die Unterbrechung lässt dem Mediennutzer die schiere Materialität des Mediums gewahr werden (eine Leinwand! Zelluloid!); der Blick auf die Herstellung medialer Infrastrukturen ermöglicht darüber hinaus ein Verständnis der Arbeit, die in das Medium eingeht. Während die Unterbrechung also eher zu epistemologischen Fragen führt, wird mit der Arbeit auch die Analyse der sozialen und kulturellen Bedingungen von Medien möglich. Was mit dem Medium im Prozess der »Selbstneutralisierung« verschwindet, sind nämlich auch die Herstellenden der medialen Infrastruktur und die Machtstrukturen, unter denen sie tätig sind.

18) Susan Leigh Star, »The Ethnography of Infrastructure«, *American Behavioral Scientist* 43:3 (1999), S. 377–391, hier S. 382

Local contractors were in charge
of the trench-digging works
across the country.

Rithy Panh, ein in Frankreich lebender Exil-Kambodschaner und Filmemacher, ergriff die Gelegenheit, einen Dokumentarfilm über das Verlegen des Glasfaserkabels in seiner ehemaligen Heimat zu drehen und so die Arbeit am stabilen, immobilen Rückgrat des Internets in den Blick zu nehmen, welches die weltweite Mobilität von materiellen Gütern und immateriellen Informationen ermöglicht. Sein Film eröffnet mit einer Totalen: Eine große Maschine ist zu erkennen, deren Funktion sich dem Laien nicht gleich erschließt; daneben sind ein Kran, ein Bau-Container und behelmte Arbeiter zu sehen. Im Hintergrund ist das Kreischen schwerer Maschinen zu hören. Eine Einblendung verrät: »In 1999, Alcatel laid the first fibre optic cable in South-East Asia. It crosses Cambodia to connect up with the cable laid from Europe, following the path of the Silk Road.« Wie so oft folgt die neue Technologie alten Routen, in denen sich Geschichte bereits sedimentiert hat, und eröffnet gleichzeitig neue Möglichkeiten: »It provided an opportunity for many Cambodians to find work on a project that lasted several months«, so die nächste Einblendung.

Die folgenden Einstellungen zeigen Arbeiter in Schutzkleidung beim Bedienen einer großen Maschine, die mit einem riesigen Rohr ausgestattet ist; danach ist eine Person hinter einer Schutzmaske beim Schweißen und dann ein Mann hinter den Schaltknüppeln einer kranartigen Baumaschine zu sehen, bevor das Rohr schließlich in einem Wasser-

I wanted to stop digging.
But I'd just started.

loch verschwindet. (Ja, so phallisch: männliche Technik dringt ein in Mutter Natur …) Wie bei den meisten modernen Baustellen erkennt man nicht wirklich, was oder woran hier eigentlich gebaut wird. Auf jeden Fall scheinen die Maschinen die meiste Arbeit zu leisten. Alles scheint reibungslos zu funktionieren, nach Plan. Wenn wir uns also die unwahrscheinliche Frage gestellt hatten, wie unsere mediale Infrastruktur eigentlich hergestellt wird, dann haben wir hier die Antwort: Es lohnt sich nicht, die Frage zu stellen. Es gibt nichts Interessantes zu sehen. *Läuft.*

ARBEIT, ARMUT, INTERNET

Was wie ein Werbefilm über die Segnungen westlich-modern gemanagter Maschinentechnik beginnt, verändert seinen Charakter jedoch schon bald.[19] Denn nicht die ganze Strecke über wurde das Glasfaserkabel automatisch-maschinell verlegt. Im Abschlussbericht der Kreditanstalt für Wiederaufbau heißt es dazu: »Auf rund 200 km erfolgte die Verlegung des Kabels per Handschachtung. Dafür wurde die ansässige lokale Bevölkerung beschäftigt, wodurch sich begrenzte direkte Ein-

19) Siehe Hing Tsang, »Terror and Love in the Cinema of Rithy Panh«, *Semiotics and Documentary Film. The Living Sign in the Cinema* (Boston, Berlin: de Gruyter, 2013), S. 142–194, hier S. 148

Thanks to this.
It's called the Internet.

I don't have electricity,

kommenseffekte ergeben haben.«[20] Rithy Panhs Film *La terre des âmes errantes* (FR, 2000) konzentriert sich auf diese 200 Kilometer und das, was im Bericht unter »Handschachtung« firmiert. Anders als die statischen Einstellungen zu Beginn des Films es vermuten lassen, folgt Panh den Akteuren im Folgenden mit der mobilen Handkamera.[21]

Die Arbeit und die Arbeiter, die die Handkamera einfängt, sehen anders aus als die vom Beginn des Films: Ohne jede Schutzkleidung, häufig barfuß und mit freiem Oberkörper, nur mit einem traditionellen Krama als Schutz gegen die Sonne auf dem Kopf, graben die Männer, häufig gemeinsam mit ihren Ehefrauen und Kindern, einen etwa 1,5 Meter tiefen Graben von etwa 50 Zentimeter Breite. Ihr einziges Werkzeug ist die Spitzhacke. Der Graben verläuft entlang bestehender Straßen und Wege, auf denen die riesigen Kabelrollen von Hand vorangeschoben werden, und damit entlang bereits bestehender kultur-geografischer Ordnungen. Das globale Glasfasernetz interagiert auf je spezifische Weise mit diesen lokalen Ordnungen: Es nutzt sie, transformiert sie, übergeht sie, fordert sie heraus.

20) KfW-Entwicklungsbank, »Kambodscha: Telekommunikation I. Abschlussbericht«, S. 2

21) Eine Reihe von Making-of-Bildern des Fotografen John Vink zeigen Panh bei der Arbeit; zu sehen ist dort unter anderem wohl eine Sony VX-1000, eine der ersten digitalen Consumer-Camcorder – kleiner und handlicher ging es zum Zeitpunkt des Drehs nicht.

Die KfW hatte wie gesagt in ihrem Abschlussbericht vermeldet, dass sich im Zuge der »Handschachtung« für »die ansässige lokale Bevölkerung (…) begrenzte direkte Einkommenseffekte ergeben haben«.[22] Wie begrenzt die lokalen Einkommenseffekte für die gut 500 lokalen Arbeiter am Millionenprojekt sind, zeigt Panhs Dokumentarfilm bereits nach wenigen Minuten. Um ihre Familie mit ausreichend Essen versorgen zu können, muss die Frau eines der Arbeiter nicht nur beim Graben helfen, sondern in den Siedlungen entlang der Strecke um Reis betteln. Zwar zahlte Alcatel etwa 60 US-Cent pro verlegtem Meter Kabel[23], doch zeigt der Film wie Subunternehmer und Mittelsmänner die Arbeiter um große Teile ihres Akkordlohns bringen. Auch handelt es sich nur bedingt um eine »lokale Bevölkerung«, die sich am Verlegen des Glasfaserkabels beteiligt, sondern überwiegend um Wanderarbeiter aus anderen Regionen Kambodschas, wie die um Reis bittende Frau im Film erzählt: »Everything was flooded. They gave us a paddy field, but my husband can't cultivate it. My family helps us out, but it was all flooded. We can't manage in

22) KfW-Entwicklungsbank, »Kambodscha: Telekommunikation I. Abschlussbericht«, S. 2

23) Richard Behar, »Land of Wandering Souls. Globalization: Between Fairness and Exploitation«, *PBS*, 1. 8. 2002, https://www.pbs.org/wnet/wideangle/uncategorized/land-of-wandering-souls-globalization-between-fairness-and-exploitation/3073/

Kampong Cham. In the rainy season, nothing, in the dry season, nothing. The entire village came here to work.«

Die Armut, die die Menschen zur Arbeit an der Kabelbaustelle bewegt, ist aber keineswegs eine Folge natürlicher Umstände, wie der Hinweis auf Regenfälle und Überflutungen vermuten ließe. Warum man ein Stück Land besitzt, dem von der Natur dermaßen zugesetzt wird, hat politische und soziale Gründe. Einer der Arbeiter erklärt: »I was enrolled by force into the army. It lasted 20 years. When I came home, there was nothing left. The others had divided up the land. There was nothing for me. (...) When I returned from the front, I had no land. Because of this war ... They took the land, leaving me empty-handed. So I've been wandering across the country, across the land of others, to feed my children.« Der Zwang zur Arbeit an dem deutsch-französischen Kabelbauprojekt ist Folge von lang anhaltenden Kriegen, die einen Großteil der Bevölkerung entwurzelt hatten.

Nach dem Ende der französischen Kolonialherrschaft entwickelte sich im Laufe der 1950er Jahre nur langsam eine neue politische Struktur im Rahmen einer konstitutionellen Monarchie im Königreich Kambodscha; Korruption, unfreie Wahlen und autokratische Regierungsformen sorgten für vielfältige Probleme. Spätestens mit der Bombardierung Kambodschas durch die USA im Jahr 1969, aufgrund dort vermuteter kommunistischer Umtriebe im Kontext des Vietnamkriegs, wurde auch die außenpolitische Lage zusehends instabil. Die komplexen Kriegshandlungen der folgenden Jahre können hier nur holzschnittartig wiedergegeben werden: General Lon Nol, wohl mit der Unterstützung der USA und durch Südvietnam, eroberte 1970 mit einem Coup die Macht über das Land. Lon Nols Militärregierung wiederum wurde bereits fünf Jahre später von den Roten Khmer gestürzt, wohl mit Unterstützung von China, der UdSSR und Nordvietnam.[24] Unter der brutalen Herrschaft der Roten Khmer und ihres Anführers Pol Pot fanden geschätzt 1,7 Millionen Kambodschaner den Tod, was fast einem Viertel der damaligen Bevölkerung entsprach: durch Massenerschießungen, in Arbeits- und Umerziehungslagern, in politischen Gefängnissen und aufgrund mangelnder Versorgung mit Essen, sauberem Wasser und Medizin. Ziel der autoritären Regierung war die Einrichtung einer ethnisch einheitlichen, ländlich-proletarischen, angeblich sozialistischen Gesellschaft, wenn nötig mit Gewalt.

Der Einmarsch vietnamesischer Truppen beendete 1979 die Herrschaft der Roten Khmer, brachte aber keinen Frieden. Guerillakämpfe unterschiedlichster Akteure (mit jeweiliger Unterstützung verfeindeter internationaler Großmächte des Kalten Krieges) hielten an, bis erst gut zehn Jahre später

24) Siehe dazu Michael Haas, *Genocide by Proxy: Cambodian Pawn on a Superpower Chessboard* (New York: Praeger, 1991)

die vietnamesischen Truppen endgültig das Land wieder verließen. Ein durch die UN vermittelter Friedensvertrag und die ersten freien Wahlen im Land führten dann 1993 zur Etablierung einer parlamentarischen Monarchie und somit zu einer einigermaßen stabilen Regierung – welche allerdings bereits 1997 durch einen weiteren coup d'état infrage gestellt wurde. Es blieb unsicher.

Eine Volkszählung ermittelte 1998 eine Bevölkerung von 11,4 Millionen. Laut der Asiatischen Entwicklungsbank lebten 1999 mehr als ein Drittel davon unterhalb der Armutsgrenze, die meisten davon in ländlichen Gebieten.[25] Einige hofften, sich mit der Arbeit am internationalen Internet-Glasfaserkabel zumindest kurzfristig aus einer Armut befreien zu können, die ebenso internationale Ursachen hatte.

DIGGING: ERINNERUNGEN

Die Familien, die zum Kabel zogen, entkamen weder der Armut noch dem Krieg. Eine ältere Frau, welche von der jüngeren Frau des Grabenarbeiters um Reis gebeten wird, kennt die Schmerzen des Grabens bereits aus der Vergangenheit: »I lived through three wars in three different periods. The first was back in the days of Lon Nol. They shot

25) Siehe Michael Minges, Vanessa Gray und Lucy Firth, *Khmer Internet: Cambodia Case Study* (Genf: International Communication Union, 2002)

each other, bombed each other. I jumped into a well carrying my mother on my back. Then there was Pol Pot. We were oppressed and beaten. I had to dig irrigation canals. The memory is unbearable. I still have the scars on my breast. I had to carry baskets full of earth.« Die Erinnerung erscheint so unerträglich wie die Gegenwart, und die Gegenwart spiegelt die Vergangenheit: Das Graben der globalindustriellen Kabelschächte gleicht der Arbeit an den Entwässerungsgräben des diktatorischen Regimes.

Die »Handschachtung« wird zur gefährlichen Reise in die Vergangenheit, und das nicht nur metaphorisch. Immer wieder stoßen die Spitzhacken auf Bomben und Minen. Im Film erzählt ein sichtlich geschockter Arbeiter: »I hit it here. You can see the mark. I thought it was a rock. I hit it again. This one scares me the most: the M-79. It never wears out. Even years later.«[26] Nur wenige Zentimeter unter der Oberfläche lauern die Folgen der Kriege, die das Land verwüsteten; nicht nur die Erinnerungen daran sind lebendig, auch die Zünder sind noch aktiv. Besser als jede Maschine wissen die Landarbeiter, was die unterschiedlichen Bomben und Minen ausmacht, und wie mit ihnen umzugehen ist; ihr lokales Wissen aus grausamer Erfahrung hilft so dem globalen Projekt.

26) Die M79 ist ein Granatwerfer, der bereits 1961 entwickelt wurde, aber bis heute in den Bürger- und Grenzkriegen des globalen Südens rege Anwendung findet.

Aber nicht nur die Landminen, auch die menschlichen Überreste, auf die Arbeiter und Arbeiterinnen beim Graben stoßen, materialisieren die Schrecken der Vergangenheit in der Gegenwart. Seit ihr Mann auf einen großen Knochen gestoßen ist, klagt die schwangere Frau eines Arbeiters über schlechte Träume bei Nacht und körperliche Beschwerden bei Tag: »Since I started on the job at Prey Veng, I haven't had a pleasant dream, just nightmares with cruel ghosts. There's one big, menacing ghost who loves me and wants me as his wife. I wouldn't have him. (…) My husband found a bone this long, while digging. He dug it up. Is it a human bone? I don't know.« Ein Ortskundiger erläutert der Wanderarbeiterin, woher der Knochen aller Wahrscheinlichkeit nach stammt und woher ihre Albträume kommen: »Sure, it's a human bone. (…) During the war between Lon Nol and Pol Pot, there was fighting here, with many dead in the village and along the road. When we dig, we find the bones of those who died violent deaths. No one ever held a ceremony for them so they can't be reborn. When you're digging and you find their bones, they haunt you, or catch you to kill you or drown you, try to take you as their wife. Who knows? That's the belief.«

Während die Maschinen, die zu Beginn des Films gezeigt wurden, nur den abstrakten Raum einer Landkarte kennen, den es zu durchmessen gilt, zeigt sich später eine Landschaft, die durchzogen ist von Spuren und Erinnerungen an Leben und Leid. Welchen Raum das Glasfaserkabel durchquert, hängt von der Perspektive ab: Für den späteren Nutzer gibt es nur den universell-globalen Raum, den die Daten-Container störungsfrei überbrücken; für die Bauarbeiten an der Infrastruktur zählt der vielfältige, lokale, anfällige Raum um das Kabel herum.

MYSTERIEN DER KOMMUNIKATION

Für die Arbeiter bleibt das Kabel, das sie verlegen, auf jeden Fall ein Rätsel. Ein Vorarbeiter versucht die Funktion des Kabels mit Rückgriff auf religiöse Mythologie zu erklären: »They once used to speak of magic eyes and ears. Have you heard the elders or read the Ramayana? Magic eyes, magic ears … It's this cable. Magic eyes means you're here, but you can see as far as America. You can see the whole world. That's the magic eyes. With this cable, they transmit television. They show CNN to the whole world. All over the world, people watch news on television. That's the magic eyes. And the magic ears? You're here, but you hear someone in America or in Canada, thanks to this network called telecommunications. We used to talk of magic eyes and magic ears. Now we have them.«

CNN und Amerika stehen für eine globale Welt, in der man dank eines wie von Geisterhand geschaffenen Netzwerks alles sehen und hören kann, was in der Welt vor sich geht. Die Weltgesellschaft kann sich so selbst beobachten.

Mit dem Ende der materiellen Beschränkungen

für die Übermittlung von Informationen, so der Vorabeiter weiter, geht die Aufhebung des Raums einher mit einer Aufhebung der Zeit: »Before, to send information, we only had the mail. This network hadn't been invented yet. The letters we sent took weeks, even months to arrive. With this cable, it arrives in a flash. You write your letter and you send it by the Internet, through these fibers. You can even send your photo. Your parents are in America, you send it, and in less than a minute they have it. Thanks to this. It's called the Internet.« Dank des Internets kann man nun eine viel schnellere, den Zwischenraum gleichsam negierende Verbindung zu den Verwandten herstellen und mit ihnen interagieren; so kann ein kulturelles Band und ein persönlicher Austausch zwischen denen möglich werden, die die weltweiten Kriege und ökonomischen Verwerfungen auseinandergerissen haben.

Die Kambodschaner sind sich bewusst, Teil einer Weltgesellschaft zu sein, aber sie wissen auch, dass darin nicht jeder die gleichen Möglichkeiten hat; das Kabel, das sie mit der Welt verbinden soll, zeigt zugleich die ökonomischen Ungleichheiten der Welt. Einer der Arbeiter, die dem Vorarbeiter interessiert zugehört haben, zeigt sich dementsprechend wenig beeindruckt von den neuen Möglichkeiten: »I don't have electricity, just an oil lamp. That's all I have. Electricity comes through a wire connected to a generator. I don't have it. And I often don't have kerosene for my lamp. When things are bad, we have to go to the Chinaman, to borrow 100 or 200 riels of kerosene. If I had electricity, I couldn't afford it.« Ein Zugang zum Internet ist zu Recht schwer vorstellbar, wenn man nicht einmal über Strom verfügt. Infrastrukturen bauen aufeinander auf, und ohne Strom kein Internetzugang. Die Lichtwellen, die durch die Glasfaserkabel fließen, materialisieren sich nur mithilfe von elektrischer Energie – und der Zugang zu dieser ist beschränkt.

Am Ende von 20 Jahren Krieg und Terror gab es 1992 nur etwa 5.000 Telefonanschlüsse in ganz Kambodscha[27], was etwa einem halben Anschluss pro 1.000 Einwohner entspricht. (In Westeuropa gab es zur selben Zeit bis zu 70 Telefonanschlüsse pro 100 Einwohner.) Kein Wunder, dass Kambodscha zu einem der ersten Länder der Welt wurde, in dem Telekommunikation mehrheitlich über Mobiltelefone ablief[28]; früh wurde der Markt für internationale Anbieter geöffnet, die entsprechende Funknetze installierten. Zugang zum Internet konnte so nicht gewährleistet werden. Stattdessen wurden noch zu Beginn des Millenniums E-Mails per Motorrad versandt: Die Weltbank konnte mithilfe von Spenden aus den USA und aus Japan

27) John Ure, »Telecommunication in ASEAN and Indochina«, in: *Telecommunications in Asia. Policy, Planning and Development*, Hg. ders. (Hong Kong: Hong Kong University Press, 1995), S. 49–80, hier S. 75

28) »Cambodia«, in: *Telecommunications Development in Asia*, Hg. John Ure (Hong Kong: Hong Kong University Press, 2008), S. 327–338, hier S. 330

zwar solarstrombetriebene Computer an ländlichen Schulen bereitstellen, ans Internet konnten diese jedoch nicht angeschlossen werden. »Project Village Motoman« versuchte hier Abhilfe zu schaffen: Fünf Motorradfahrer waren zwischen den Dörfern unterwegs, um mit wiederum solarbetriebenen Empfängern das ansonsten ins Leere strahlende WiFi-Signal der Schulen aufzunehmen, elektrisch zu speichern und benzinbetrieben durch den Raum zu transportieren. Zurück in der Stadt wurden die E-Mails über eine Satellitenschüssel ins weltweite Netz gesendet.[29]

Die Ignoranz der Arbeiter gegenüber dem Internet ist, so gilt es noch einmal zu betonen, nicht die Folge von Aberglauben und hinterwäldlerischer religiöser Anschauungen. Einer der Arbeiter weiß genau, warum ihm nichts anderes bleibt, als umherzuziehen und zu graben: »The Khmer Rouges didn't only kill people. They turned men like me into ignorant people who don't know where they're going, where they are. We had no schooling, we don't know anything. (...) They turned my generation into ignorant masses, into animals. We can't find jobs, we can only be workers. An ignorant man can use his strength, but not his head. What can he do, being ignorant? There are jobs, but an ignorant man has no skills. He can dig the earth, carry the earth on his back, and that's it.« Wie der alten Frau zu Beginn des Films bleibt auch dem jungen Mann nichts

29) Ebd., S. 336

anderes übrig, als den Boden zu durchpflügen und die Erde auf seinem Rücken zu tragen. Fernkommuniziert wird nur mit den Geistern.

GEISTERWISSENSCHAFT

In welcher Beziehung stehen die Geister der Vergangenheit nun zu den Geistern in den Kabeln? Was geht das Medium seine Materialität an? Und vor allem: Was geht es *uns* an? Es ist unmöglich, beides zugleich im Auge zu behalten. Blickt man von außen auf das Kabel, so bleiben die Daten, die durch es hindurchfließen, unsichtbar. Will man die Bilder analysieren, die durch das Kabel hindurchfließen, verschwinden das Medium und seine Infrastruktur aus dem Blickfeld. Die »aisthetische Selbstneutralisierung«, so hatte wir mit der Medienwissenschaftlerin Sybille Krämer festgestellt, gehört zur »Funktionslogik von Medien«. Wir können nicht sehen, wie wir sehen.

»Medien sind die Werkzeuge, welche die Trennung von Genesis und Geltung ermöglichen«, so schlägt der Philosoph Lambert Wiesing zum besseren Verständnis vor. Das heißt, dass der Mensch dank Medien in der Lage ist, »mittels physikalisch beschreibbarer Produktionstechniken etwas herzustellen, das keine physikalischen Eigenschaften hat«. »Genesis« beschreibt einen »Herstellungs- oder Entstehungsvorgang«, der sich mit den »Mitteln unterschiedlicher empirischer Wissenschaften erforschen« lässt, weil er sich eben in Raum und Zeit vollzieht.

Für den Bereich der »Geltung« gelten solche empirischen Gegebenheiten nicht; Geltung ist nicht abhängig von räumlich-zeitlichen Bedingungen, und entsprechend auch nicht abhängig von Arbeit. Wiesing erläutert dies anhand eines Beispiels von Edmund Husserl, von dem er die Unterscheidung übernommen hat: »Wenn in einem Buch der Satz 2 x 2 = 4 gedruckt ist, dann wird dieser materielle Satz altern, vergilben; er kann ausradiert und das Buch zerstört werden. Aber das mit dem Satz Gemeinte ist von diesen Veränderungen in der Zeit nicht berührt.«[30] Zwei mal zwei bleibt vier, auch wenn die Welt untergeht – zumindest in der Theorie.

Das ist zunächst einmal sauber unterschieden; das materielle Kabel, das per »Handschachtung« durch die Minenfelder und Gebeine Kambodschas verlegt wird, und die immateriellen Informationen, die durch es hindurch in Millisekunden an das andere Ende der Welt fliegen, operieren demnach auf zwei ganz unterschiedlichen Ebenen. Während das Glasfaserkabel kaputtgehen und damit die Bilder von CNN stören kann, bleibt das von CNN »Gemeinte« davon unbeeinträchtigt. Aber ist das »Gemeinte« wirklich dasselbe, wenn wir wissen, dass es sich allein dank unerträglicher Mühen materia-

30) Lambert Wiesing, »Was sind Medien?«, in: *Was ist ein Medium*, Hg. Stefan Münker und Alexander Roesler (Frankfurt am Main: Suhrkamp, 2008), S. 235–248, hier S. 240–242

lisiert hat? Was gilt »2 x 2 = 4« noch, wenn für die Verbreitung dieser Information Menschen hungern? Und was wäre ein »Gemeintes« wert, wenn es keine Mittel zur Übertragung in Anspruch nähme? Gäbe es das Gemeinte dann wirklich? Und ist es nicht Teil der Bedeutung von CNN, dass das Gemeinte weltweit übertragen wird – und dass alle es sehen können?

Zugegeben, das Beispiel der Handschachtung in Kambodscha ist ein drastisches; doch wie aktuelle Untersuchungen im pazifischen Raum zeigen, sind kulturelle, ökonomische und ökologische Auseinandersetzungen eher die Regel als die Ausnahme, Turbulenzen wahrscheinlicher als ein reibungsloser Fluss, wenn es um das Verlegen von Glasfaserkabeln geht: Kabel verbinden nicht nur weit entfernte Orte und Menschen, sie entzweien auch in Hinsicht auf Besitz und Zugang.[31] Die kulturell geformte Erde, die aufgegraben wird, um die Datenübertragung von der materiellen Umwelt abzuschirmen, verbindet das Kabel mit der spezifischen politischen, ökonomischen und ökologischen Geschichte der Region, des Landes und der Welt.[32] Aber, wie gesagt,

31) Siehe Starosielski, *The Undersea Network*, passim

32) Vgl. Nicole Starosielskis Untersuchung der Verlegung von Glasfaserkabeln im ländlichen New York State; »Pipeline Ecologies. Rural Entanglements of Fiber-Optic Cables«, in: *Sustainable Media. Critical Approaches to Media and Environment*, Hg. Nicole Starosielski und Janet Walker (New York, London: Routledge, 2016), S. 38–55

die »Funktionslogik der Medien« legt es nahe, diese Folgen der Materialität auszublenden: »The tendency of these technologies to want to disappear distances us from the environmental devastation of copper strip mining practices, labor conditions in microchip factories, fossil fuel consumption and subsequent pollution of the distribution system, and the sheer toxicity of the machines as, once scrapped, they pile up in landfills, heavy metal seeping into water tables.«[33]

Doch selbst wenn es uns gelingt, die Folgen der Medienmaterialität auf ihre Umwelt in den Blick zu nehmen, bleibt die Frage, was die Inhalte, die durch das Kabel von ihrer materiellen Umwelt abgeschirmt werden, mit dem politischen, ökonomischen und ökologischem Umfeld verbindet. Eine materialistische Medienwissenschaft im Sinne Friedrich Kittlers hat differenziert nachgewiesen, dass Medien und mediale Infrastrukturen keineswegs rein technologische Erfindungen sind, sondern Aushandlungen inmitten spezifischer politischer, wirtschaftlicher, wissenschaftlicher und militärischer Gemengelagen. *Ohne den Kalten Krieg kein Internet und eben auch kein Glasfaserkabel.* In der Nachfolge Marshall McLuhans zeigte die Medienwissenschaft,

33) Vgl. J. Macgregor Wise, »A Hole in the Hand. Assemblages of Attention and Mobile Screens«, in: *Theories of the Mobile Internet. Materialities and Imaginaries*, Hg. Andrew Herman, Jan Hadlaw und Thom Swiss (New York, London: Routledge, 2015), S. 212–231, hier S. 227

dass Inhalte keineswegs feststehen, bevor sie vermittelt und damit materialisiert werden. Vielmehr passen sich die Inhalte den medialen Infrastrukturen und den Möglichkeiten der Distribution an: Audiovisuelle Produkte etwa werden anders geformt, je nachdem, ob sie für Kino, TV oder eine Streaming-Plattform wie Netflix produziert werden; sie werden angepasst an die Modalitäten der Rezeption und meist auch an die Möglichkeiten, damit Geld zu verdienen. »Simply put, our current mediascapes would not exist without our current media infrastructure.«[34] *Ohne Glasfaserkabel kein Youtube.*

Vor allem aber sind nicht alle Inhalte von Medien so sachlich wie die Telefonnummer bei Bateson (Kap. II) oder die mathematische Gleichung bei Husserl, sondern vielmehr Kommunikationen, die auf die Affekte der Nutzer abzielen. Wahrscheinlich spielt die sinnliche Form der Darstellung bei der Telefonnummer und der mathematischen Gleichung tatsächlich keine große Rolle; ob das Papier vergilbt ist oder nicht, ob es in der Leitung rauscht oder nicht: Entweder die Information kommt an oder eben nicht, wie ist egal. Aber was ist mit Penissen oder Fallrückziehern von Ronaldo (von denen es wahrscheinlich deutlich mehr Darstellungen im Internet gibt als von mathematischen Gleichungen)? Ist es hier auch egal, ob wir auf ein pixeliges Ruckel-

34) Lisa Parks und Nicole Starosielski, »Introduction«, in: *Signal Traffic. Critical Studies of Media Infrastructure*, Hg. dies. (Urbana: University of Illinois Press, 2015), S. 1–27, hier S. 1

bild starren oder alles in Ultra HD genießen können? Ist die Erregung die gleiche, der Genuss derselbe? Zwar ist während der Übertragung auf digitalen Kanälen alles dem »Monopol der Bits und Glasfaserkabel«[35] unterworfen, aber die jeweils ermöglichte Rematerialisierung auf der Basis von Datenraten und Endgeräten zeitigt andere Effekte und ermöglicht anders affektgeladene Rezeptionsweisen. Wie Jodi Dean betont hatte: »networks are not only networks of computers, protocological and fiber-optic networks. They are also affective networks capturing people.«[36]

Also noch mal: *Sind wir Komplizen des Leids, wenn wir selbstvergessen »Dota 2« spielen oder schwer erregt Youporn genießen, wenn wir Schmink-Tutorials folgen oder uns bei Netflix amüsieren?* Welche Rolle spielen der immense Energieverbrauch bei der Herstellung von Glasfasern bei 2.100 Grad Celsius, der Verbrauch von Erdöl für die Produktion des Schutzmantels und die Umwelt- und Gesundheitsgefährdung durch PVC bei der Verarbeitung und Entsorgung der Kabel[37], wenn wir twittern, whatsappen und googeln? Welche Rolle spielen die Auswirkungen der magnetischen und thermi-

35) Kittler, *Grammophon, Film, Typewriter*, S. 12

36) Jodi Dean, *Blog Theory: Feedback and Capture in the Circuits of Drive* (Cambridge: Polity, 2010), S. 112

37) Siehe Sean Cubitt, *Finite Media: Environmental Implications of Digital Technologies* (Durham, NC: Duke University Press, 2017), S. 96–98

schen Strahlungen der Unterwasser-Glasfiberkabel-Infrastruktur auf das Leben unter dem Meer[38], wenn wir *Findet Nemo* für unsere Kinder streamen? »To communicate with one another«, so heißt es in einem Buch über die ökonomisch-ökologischen Implikationen digitaler Technologien, »we also inadvertently communicate our dismissive relation to the humans and natural environments who pay the terrible price for its efficiency, even for its poetry.«[39] Jedes Bild einer niedlichen Katze, das wir posten, trägt zur Vernichtung des Lebensraums großer Katzen bei. Ob wir uns dem stellen wollen oder nicht, bleibt unsere Sache.

Merkwürdig ist aber schon, dass wir die Infrastruktur unserer Informationsversorgung so angestrengt außer Sicht halten (versteckt unter der Erde, unter dem Meer, verkleidet als Palme[40]), wenn doch bereits die »Funktionslogik der Medien« gebietet, dass diese eigentlich ganz von selbst vor unseren Augen verschwinden. Warum müssen wir uns aktiv anästhesieren (unsere Sinne fürs Materielle ausschalten), wenn wir Ästhetisches sinnlich erfahren

38) Ebd., S. 99

39) Ebd., S. 6

40) Lisa Parks, »Around the Antenna Tree: The Politics of Infrastructural Visibility«, *Flow*, 6. 3. 2009, http://www.flowjournal.org/2010/03/flow-favorites-around-the-antenna-tree-the-politics-of-infrastructural-visibilitylisa-parks-uc-santa-barbara/

wollen?[41] Das Eintauchen in die virtuelle Welt, so ergänzt Dean eine phänomenologisch und/oder technologisch ausgerichtete Medienwissenschaft, lässt nicht nur die Materialität des Mediums und seine technologischen Bedingungen unsichtbar werden, es verdrängt auch jeden Gedanken an die soziale Herstellung dieser: »Yet their fascination with the app makes them momentarily childlike«, berichtet Dean über eine Gruppe hochrangiger Vertreter der Datenwirtschaft, die sich einem neuen Computerspiel hingeben: »The app rivets them to the phone such that they are completely and totally present in the moment of the game, which means they are simultaneously withdrawn from the prior context of inequality and exploitation.«[42] Die App »heftet« (*rivets*) die Spieler ans Smartphone, auf dass sie alles um sich herum vergessen *dürfen*. Die »Funktionslogik der Medien« ist eben auch eine Logik der Verdrängung, nicht nur der Materialität der Medien, sondern auch ihrer Produktionsbedingungen.[43] Wir sind nicht Opfer der Medien, wir

41) Siehe Cubitt, *Finite Media*, S. 110

42) Jodi Dean, »Apps and Drive«, in: *Theories of the Mobile Internet. Materialities and Imaginaries*, Hg. Andrew Herman, Jan Hadlaw und Thom Swiss (New York, London: Routledge, 2015), S. 232–247, hier S. 233

43) Vgl. Slavoj Žižek, »Multiculturalism, or, the Cultural Logic of Multinational Capitalism«, *New Left Review* 225 (1997), S. 28–51, hier S. 36

wollen es nicht anders. Denn wir wissen, was wir tun müssen, um nicht von ihren Geistern heimgesucht zu werden.

Panhs Film kann der Verdrängung nicht viel entgegensetzen. Wie die meisten Dokumentarfilme fand auch dieser nicht den Weg in das reguläre Kinoprogramm, sondern wird auf Filmfestivals einem geneigten Publikum vorgeführt. Ich selbst habe den Film durch Zufall während der Französischen Filmtage im Jahr 2000 in Tübingen sehen können, die sich auch Produktionen aus den (ehemaligen) Überseegebieten widmen – und ihn seitdem nicht vergessen können. Der deutsch-französische öffentlich-rechtliche Sender *ARTE*, der den Film koproduzierte, zeigte den Film an einem Freitagabend um 22.15 Uhr im April 2000; mit einem Marktanteil von unter einem Prozent erreicht auch der Fernsehsender kein allzu großes Publikum, zudem eines, das nach Altersstruktur und Bildung eher dem Buch als dem damals immer noch neuen Internet zugeneigt war. Zugang zum Film als wissenschaftlichem Untersuchungsgegenstand ermöglichte mir das Bophana Audiovisual Ressource Center in Phnom Penh, welches sich sowohl der Archivierung audiovisuellen Materials als auch der Ausbildung kambodschanischer Filmschaffender verschrieben hat. Dank des Internets konnte auf

44) Ohne die Mitarbeiter*innen von Bophana wäre dieses Kapitel nicht möglich gewesen, ihnen gebührt mein ausdrücklicher Dank.

meine E-Mail-Anfrage hin eine digitale Version des Films auf Vimeo zur Sichtung bereitgestellt werden.[44] Ich erzähle das so ausführlich, um deutlich zu machen, dass nicht jede audiovisuelle Information so leicht den Weg zum Publikum findet wie CNN, auch weil nicht jeder dieselben finanziellen Möglichkeiten der Produktion und Distribution hat. Und weil nicht jeder sehen will, was Panh zeigt.

Ein Blick auf die verdrängte Arbeit der Herstellung, Wartung und Entsorgung der materiellen Infrastruktur von Medien führt aber nicht nur zur Konfrontation mit Leid und Schrecken. Zwar ist es richtig, dass mit den materiellen Gegebenheiten auch die geschichtlich bedingten Ungleichheiten einer globalen Wirtschaftsordnung erkennbar werden, was, zugegeben, nicht schön ist. Aber es wird auch sichtbar, dass das Internet keine freie Spielwiese ist, auf der jeder und jede gleichermaßen ihr Glück finden kann (und dafür verantwortlich ist). Seit 2018 ist erstmals mehr als die Hälfte der Weltbevölkerung ans Internet angeschlossen; in manchen Ländern ist es aber immer noch nur eine kleine, meist urbane Elite von wenigen Prozent, denen eine entsprechende Infrastruktur zur Verfügung steht.[45] Dies macht deutlich, wo angesetzt werden muss, um bessere, das heißt gleichere Bedin-

45) Abdalle Ahmed Mumin, »Life at the Bottom of the Global League of Internet Access«, *The Guardian*, 18. 10. 2018, https://www.theguardian.com/technology/2018/oct/18/life-at-the-bottom-of-the-global-league-of-internet-access

gungen zu schaffen. *Solange die mediale Infrastruktur unsichtbar bleibt, wird niemand davon zu überzeugen sein, diese zu politisieren.*[46] Erst wenn die Materialität der Kommunikation in den Blick gerät, stellen sich Fragen der Verteilung knapper Ressourcen.[47] Solange die mediale Infrastruktur im Schatten bleibt, wird man nur schwer darüber streiten können, wem sie gehören sollte. Solange die mediale Infrastruktur im Schatten bleibt, kann etwa das Sammeln von Metadaten, die von jedem Inhalt einer Botschaft (und seiner Verschlüsselung) unberührt bleiben, nicht problematisiert werden.[48] Solange die mediale Infrastruktur im Schatten bleibt, werden die Freiheit der Kommunikation, die Gleichheit des Zugangs und die solidarische Verknüpfung der Welt nicht mehr als digitale Ideologie bleiben.

46) Siehe Parks, »Around the Antenna Tree«, passim

47) Siehe Jean-François Blanchette, »A Material History of Bits«, *Journal of the American Society for Information Science and Technology*, 62:6 (2011), S. 1042–1057, hier S. 1042

48) Siehe Oliver Leistert, *Mobile Media: Protest and Surveillance. On the Political Rationality of Ubiquitous Individual Connectivity*, Dissertation, Paderborn 2012, S. 7, http://digital.ub.uni-paderborn.de/hsx/content/titleinfo/555530

IV. INTERNET-MANIFESTE ANTIMATERIALISTISCHE IDEOLOGIE

DIE GROSSE FREIHEIT

»The central event of the 20th century is the overthrow of matter.« Mit dieser steilen These beginnt ein einflussreicher Text mit dem wenig bescheidenen Titel: »Cyberspace and the American Dream: A Magna Carta for the Knowledge Age«.[1] 1994, als die Konturen des entstehenden World Wide Web mit geschätzten 2 Millionen Nutzern in 135 Ländern langsam erkennbar wurden, tat sich ein Autorenkollektiv zusammen, um der schönen neuen Welt des Internets ein Grundgesetz zu verpassen. Obwohl ›Grundgesetz‹ hier vielleicht schon zu viele Pflichten anklingen lässt, wenn es sich doch im Wortsinn der englischen Magna Carta Libertatum eher um eine »Große Urkunde der Freiheiten« handelt.

»The powers of mind are everywhere ascendant over the brute force of things.« Freiheit, so der Tenor des Textes, kann erst zu ihrer endgültigen Entfaltung kommen, wenn der Mensch es dem Geist erlaubt, sich über alle materiellen Beschränkungen

1) Esther Dyson, George Gilder, George Keyworth und Alvin Toffler, »Cyberspace and the American Dream: A Magna Carta for the Knowledge Age«, *Future Insight* 1:2 (1994), o. S., http://www.pff.org/issues-pubs/futureinsights/fi1.2magnacarta.html

hinwegzusetzen. Denn: Materie ist begrenzt, Geist nicht. Und, so die zentrale Behauptung des Manifests, dank des Internets kann der unbegrenzte Geist endlich allen zugänglich gemacht werden. Jeder kann dann an jedem Ort alles wissen, und da Wissen Macht ist, hat dann jeder die gleiche Macht: Keiner wird mehr unterdrückt, alle sind gleich frei und die ganze Welt kann zusammenkommen. Wie schön.

Gegenwärtige gesellschaftliche Probleme, so der Text, sind lediglich eine Folge des herrschenden Wirtschaftssystems und können von einer neuen, besseren Art des Wirtschaftens im Internet überwunden werden. Zur Erklärung entwirft das Manifest ein Dreistufenmodell: »In a First Wave economy, land and farm labor are the main ›factors of production.‹ In a Second Wave economy, the land remains valuable while the ›labor‹ becomes massified around machines and larger industries. In a Third Wave economy, the central resource – a single word broadly encompassing data, information, images, symbols, culture, ideology, and values – is actionable knowledge.« Die überkommene »Wirtschaft der zweiten Welle«, also des industriellen Zeitalters, baut demnach auf schweren Maschinen und der Ausbeutung physischer Arbeitskraft auf; nur Großindustrielle haben das Vermögen, entsprechende Produktionsmittel zu finanzieren, während den Arbeitern nur die Möglichkeit bleibt, ihre Arbeitskraft auf dem Markt anzubieten. Bedauerlicherweise glauben 1994 immer noch zu viele an die

Alternativlosigkeit dieser Wirtschaftsform. Die neue Magna Carta will ihren Beitrag dazu leisten, diese »Second Wave economy« Geschichte werden zu lassen.

Erschwert wird die Überwindung des Industriezeitalters angeblich durch die fehlgeleiteten Investitionen der regierenden Demokraten unter Bill Clinton in die marode Infrastruktur der steinernen Straßen und Kanäle: »Over $100 billion for steel and cement, versus one lone billion for electronic infrastructure.« Statt die überkommene Wirtschaftsform künstlich am Leben zu halten, sollte doch lieber der neuen freier Lauf gelassen werden; die Aufgabe der Regierung wäre es lediglich, sich aktiv zurückzuziehen, zu deregulieren: »it should focus on removing barriers to competition and massively deregulating the fast-growing telecommunications and computing industries.« Dann wird das Internet sich schon durchsetzen – was es ja sowieso tun wird. Die Regierung hat die Wahl: Sie kann sich in den Dienst des Internets stellen oder sie wird vom Cyberspace überrollt.

Aller guten Dinge sind bekanntlich drei: So wie die Maschinen der Industrialisierung die Gartenidylle der kleinen Farm hinweggefegt haben, so wird die Digitalisierung die unmenschliche Maschinenwelt überwinden, einschließlich der »rules, regulations, taxes and laws laid in place to serve the smokestack barons and bureaucrats of the past«. Wenn die Industriellen und die Bürokraten, die sie schützen, aus dem Weg geräumt sind, können die

Gedanken frei sein und das Wissen kann ungehindert fließen. Es lockt das gelobte, post-industrielle, digitale Global Village: »Cyberspace is the land of knowledge, and the exploration of that land can be a civilization's truest, highest calling.« Endlich hatte man den Stein der Weisen gefunden – einen Stein allerdings, der frei von jeder Materie ist.

FREIHEIT 2.0

Bei so viel Enthusiasmus für einen kleinen Staat und ein freies Unternehmertun dürfte es nicht verwundern, dass die »Magna Carta for the Knowledge Age« zunächst auf der Internetseite der 1993 gegründeten Progress & Freedom Foundation veröffentlicht wurde, die aus ihrer wirtschaftsliberalen bzw. neolibertären Zielsetzung kein Geheimnis macht: »The Progress & Freedom Foundation is a market-oriented think tank that studies the digital revolution and its implications for public policy. Its mission is to educate policymakers, opinion leaders, and the public about issues associated with technological change, based on a philosophy of limited government, free markets, and individual sovereignty.«[2]

Der Thinktank war eng mit Newt Gingrich verbunden, seinerzeit Sprecher des US-Repräsentantenhauses und führender Parteiideologe der Republikaner. Auch die Autoren, die mit ihren

2) »Our Mission«, *The Progress & Freedom Foundation*, http://www.pff.org/about/index.html

Namen für das Manifest einstehen, waren keine Unbekannten: George Keyworth wurde als Berater für Science and Technology Policy unter Ronald Reagan bekannt; Alvin Toffler war Journalist, bekannter Zukunftsforscher und Buchautor (*The Future Shock*), der bereits in seinem 1980 veröffentlichten Werk *The Third Wave* viele der hier verwendeten Stichworte vorwegnahm; George Glider war als Investor in Technologiefirmen tätig und schrieb Bücher über neue Technologien (und verbreitete auch gerne mal rassistische, antifeministische und christliche Traktate); Esther Dyson ist eine Wissenschaftsjournalistin und Technologieinvestorin.[3] Die »Magna Carta for the Knowledge Age« ist ideologische Propaganda und macht keinen Hehl daraus. Durchgesetzt hat sich die Ideologie trotzdem.[4] Bis in die 2010er war die Immaterialität des Digitalen Ausgangspunkt der meisten Diskussionen über Zustand und Zukunft des Internets.[5] Dass

3) Ob die ›Autoren‹ den Text auch tatsächlich geschrieben haben, ist mehrfach bezweifelt worden; siehe Richard K. Moore, »Cyberspace Inc. and the Robber Baron Age«, *The Information Society* 12:3 (1996), S. 315–323, hier S. 316

4) Siehe Armand Mattelart, *Networking the World, 1794–2000*, übers. von Liz Carey-Libbrecht und James A. Cohen (Minneapolis: University of Minnesota Press, 2000 [1996]), S. 87–92

5) Jean-François Blanchette, »A Material History of Bits«, *Journal of the American Society for Information Science and Technology*, 62:6 (2011), S. 1042–1057, hier S. 1044

physische Materialität und menschliche Arbeit noch eine Rolle spielen würden, glaubte kaum jemand.

Etwas verwunderlicher als die Verbindung zu den Republikanern ist, wie sich hier die Ideen der amerikanischen Gegenkultur der 1970er mit der wirtschaftsliberalen Ideologie der 1980er zu einem Techno-Optimismus vermischten, wie er etwa in der Zeitschrift *Wired* propagiert wurde (und bis heute wird), zu der Dyson, Keyworth und Gingrich engen Kontakt hielten.[6] Die Schlagworte der Dezentralisierung, der Kreativität, der Diversität, der Freiheit, der Offenheit und der individuellen Ermächtigung, die im Text der Bürokratie, der Standardisierung, der Massenproduktion, den Grenzziehungen, der Abgeschlossenheit und der Unterdrückung durch das alte System gegenübergestellt werden, überzeugen sowohl New-Age-Hacker als auch New Economy Angel Investors. Die Freiheit der Emanzipation und die Freiheit der Wirtschaft gehen Hand in Hand, wenn *alles Ständische und Stehende verdampft*. Wer könnte schon einem »shift from a mass-production, mass-media, mass-culture civilization to a demassified civilization«[7] widerstehen? Wer will nicht die widerlichen Industriebarone loswerden und im Gegenzug Kreativität

6) Siehe Fred Turner, *From Counterculture to Cyberculture: Stewart Brand, the Whole Earth Network, and the Rise of Digital Utopianism* (Chicago, IL: University of Chicago Press, 2006), S. 222

7) Dyson u. a., »Cyberspace and the American Dream«, o. S.

und Freiheit gewinnen? Als Unterstützer nennt die Progress & Freedom Foundation unter anderen Microsoft, Google und Yahoo. Es ist der Traum dieser Firmen, der verwirklicht werden soll, und viele haben ihn mitgeträumt, weil er so verlockend war, und ist.

Beachtenswert ist aus meiner Sicht vor allem der vehemente Antimaterialismus der neuen Magna Carta, wie er auch in einem ähnlich gelagerten Pamphlet der Electronic Frontier Foundation mit dem Titel »A Declaration of the Independence of Cyberspace« zu finden ist.[8] Geschrieben wurde dieser Text 1996 von John Perry Barlow, LSD-Enthusiast, Grateful-Dead-Songschreiber und Internetaktivist, den auch Dyson & Co. in ihrer »Magna Carta« zitieren. Poetischer, aber mit derselben Verve wettert auch Barlow gegen Regierung und Industrie als Stellvertreter einer bleiernen Materie, die es zu überwinden gilt: »Governments of the Industrial World, you weary giants of flesh and steel, I come from Cyberspace, the new home of Mind. On behalf of the future, I ask you of the past to leave us alone. You are not welcome among us.« Auch in Barlows Vision lässt sich Wissen in der digitalen Welt endlos vervielfältigen und ohne großen Aufwand verteilen: »In our world, whatever the human mind may create can be reproduced and distributed infi-

8) John Perry Barlow, »A Declaration of the Independence of Cyberspace«, *Electronic Frontier Foundation*, o. S., https://www.eff.org/cyberspace-independence

nitely at no cost. The global conveyance of thought no longer requires your factories to accomplish.« Keine Druckerpressen, keine Fernsehtürme, keine Radiotransmitter und wohl auch keine Glasfaserkabel (Kap. II) sind in dieser Vision mehr nötig, um Geistesblitze via Netzwerk digital auszutauschen. »There is no matter here.« Es gibt hier keine Materie, und keine Probleme. *No matter, no problem.*

KOMMUNIKATIONSSTRASSEN

Für Barlow, Dyson & Co. bricht nicht weniger als ein neues, fast schon paradiesisches Zeitalter an: »the digital age fundamentally differs from all previous information epochs insofar as information has finally achieved what it has aspired to throughout history, namely, unburdened itself from the shackles of matter« – so kann man die Ideologie der 1990er zusammenfassen.[9] Der utopische Traum, dass Netzwerke der Kommunikation die Menschen von den Beschränkungen durch Raum und Zeit befreien und in eine vereinte Zukunft führen könnten, hat eine lange Tradition, wie der Kommunikationswissenschaftler Armand Mattelart herausgearbeitet hat: »The communication network is an eternal promise symbolizing a world that is better because it is united. From road and rail to information highways, this belief has been revived

9) Blanchette, »A Material History of Bits«, S. 1042

with each technological generation.«[10] Mitte der 1990er war es US-Vizepräsident Al Gore, der diesen Traum erneuerte: »This Global Information Infrastructure will circle the globe with information superhighways on which all people can travel. These highways or, more accurately, networks of distributed intelligence, will allow us to share information, to connect, and to communicate as a global community. From these connections we will derive robust and sustainable economic progress, strong democracies, better solutions to global and local environmental challenges, improved health care, and – ultimately – a greater sense of shared stewardship of our small planet.«[11]

Allerdings, so scheint es mir, sind die Cyber-Utopisten des Internetzeitalters die ersten, die die Zukunft so vollständig entmaterialisiert imaginieren, dass selbst Gores Metapher der Datenautobahn noch auf vehementen Widerspruch trifft: »The highway analogy is all wrong«, so wird Peter Huber vom Wirtschaftsmagazin *Forbes* zitiert: »Solid things obey immutable laws of conservation – what goes south on the highway must go back north, or you end up with a mountain of cars in Miami. By the same token, production and consumption must

10) Mattelart, *Networking the World, 1794-2000*, S. viii

11) Al Gore, »Remarks Prepared for Delivery by Vice President AL GORE, International Telecommunications Union«, 21. 3. 1994, o. S., http://web.simmons.edu/~chen/nit/NIT%2794/94-Appendices-367.html

balance. The average Joe can consume only as much wheat as the average Jane can grow. Information is completely different. It can be replicated at almost no cost – so every individual can (in theory) consume society's entire output.«[12] Daten, so die Annahme, brauchen keine Autobahnen, sie sind gleichermaßen immateriell, ungebunden und universell: Sie sind frei und sollten es auch sein.

Im Rahmen der klassischen politischen Ökonomie wurde der Verkehr von (immateriellen) Informationen noch stets mit dem Verkehr von (materiellen) Waren zusammengedacht; Kommunikation bezeichnete genauso den Austausch in Geistesangelegenheiten wie den von Dingen.[13] Auch für einen ausgemachten Materialisten wie Karl Marx ist es selbstverständlich, unter den Kommunikationsmitteln sowohl Kanäle und Eisenbahnen zu verstehen als auch Telegrafen.[14] Ohne Kommunikation, das wissen die Ökonomen wie ihr Kritiker, keine Konkurrenz; nicht nur die Waren müssen zum Markt transportiert werden, sondern auch das Wissen um die Produkte der anderen: »Preis-

12) Dyson u. a., »Cyberspace and the American Dream«, o. S.

13) Siehe David Morley, *Communications and Mobility. The Migrant, the Mobile Phone and the Container Box* (Hoboken, NJ: Wiley-Blackwell, 2017), S. 21

14) Karl Marx, »Grundrisse der Kritik der politischen Ökonomie« (1857/58), in: Karl Marx, Friedrich Engels, *Werke*, Bd. 42 (Berlin: Dietz, 1983), S. 49–768, hier S. 205

courantlisten, Wechselkurse, Verbindungen der Handelstreibenden untereinander durch Briefe, Telegraphen etc. (...), worin jeder einzelne sich Auskunft über die Tätigkeit aller andren verschafft und seine eigne danach auszugleichen sucht.«[15] Informationen machen eine ›freie‹ Marktwirtschaft erst möglich – ohne die Übermittlung von Wissen kein kapitalistischer Wettbewerb: Wer will schon investieren, wenn nicht abzusehen ist, ob man den anderen wird Konkurrenz machen können.

Aber ohne den Transport von Gütern geht es eben auch nicht; auch die Dinge müssen sich bewegen, sonst werden sie nicht zur Ware: »Es könnte genauer dieses örtliche Moment – das Bringen des Produkts auf den Markt – (...) als Verwandlung des Produkts in Ware betrachtet werden. Ware ist es erst auf dem Markt«, so Marx' Analyse.[16] Und um so größer der Markt sein soll, umso weitreichender müssen dann nicht nur die Transportmittel für Waren sein, sondern auch die des Datenverkehrs, wie Marx nebenbei sehr hellsichtig bemerkt: »die Kommunikationsmittel wachsen natürlich gleichzeitig.«[17] Für den weltweiten Containertransport, so hatten wir gesehen (Kap. I), brauchte es ein digitales Computernetzwerk; für die Frachtschiffe hatten Frachtbriefe ausgereicht – man hatte ja während

15) Ebd., S. 94

16) Ebd., S. 440

17) Ebd., S. 94

des Ausladens der Waren genug Zeit zum Ausfüllen der Papiere.

Im Industriezeitalter hat die Information nur dann einen Wert, wenn sie eine Information über Dinge ist. Diese Beschränkung kann erst überwunden werden, wenn Ware und Information in eins fallen, das heißt, wenn die Information selbst Ware wird: Zentraler Zukunftszweig der Wirtschaft sind für Dyson & Co. dann auch die Creative Industries. Zu Zeiten der Postkutsche konnte niemand Zweifel daran haben, dass der Transport von Waren und der Transport von Informationen die gleichen geografischen Wege und physischen Hürden zu nehmen hatten. Marx sprach von »Kommunikationsstraßen«[18], auf denen Waren einerseits und Informationen andererseits zirkulieren. Erst mit dem Telegrafen und später der Telefonie, dem Fax und BTX trennte sich die Kommunikation, so wie wir sie heute meist verstehen, nämlich als Informationsaustausch, von den Handels- und Transportwegen.

Ohne den Bezug zum Transport kann die Telekommunikation zur Informationstechnologie werden. Und mit dem Credo der Information als neuer Ware im digitalen Zeitalter kann schließlich eine völlige Loslösung vom Materiellen gefeiert werden. Jetzt kann der Traum eines unvermittelten, grenzenlos freien Warenaustauschs wahr werden, der

18) Ebd., S. 431

Traum eines »reibungslosen Kapitalismus«, wie ihn beispielsweise Bill Gates träumt.[19] Auch wenn das Titelbild zu Gates' eigenem Manifest, *The Road Ahead* (1995), noch eine solche ziert: Straßen sind jetzt nur noch Metaphern. Digitale Informationen können demnach auf physische Wege verzichten: Sie können ohne nennenswerten Aufwand reproduziert und verteilt werden und sind damit unabhängig von den Transportkosten analoger Medien.[20]

IMMATERIELLES EIGENTUM

Auch in der postmateriellen Welt der Techno-Utopisten begegnet man aber einem altbekannten Problem: Auch hier muss Besitznahme in Eigentumsrechte verwandelt werden, um Wertschöpfung betreiben zu können. An zentraler Stelle des Manifests von Dyson & Co. steht daher die Frage nach der Möglichkeit von Privateigentum im neuen

19) Bill Gates (in Zusammenarbeit mit Nathan Myhrvold und Peter Rinearson), *Der Weg nach vorn. Die Zukunft der Informationsgesellschaft*, übers. von Friedrich Griese und Hainer Kober (Hamburg: Hoffmann und Campe, 1995), S. 229; siehe Armand Mattelart, *Kleine Geschichte der Informationsgesellschaft*, übers. von Stefan Leitner (Berlin: Avinus, 2003 2001), S. 122–129; Jens Schröter, »The Internet and ›Frictionless Capitalism‹«, *tripleC* 10:2 (2012), S. 302–312

20) Vgl. Blanchette, »A Material History of Bits«, S. 1042

Cyberspace.[21] So heißt es im Manifest: »the key principle of ownership by the people – private ownership – should govern every deliberation. Government does not own cyberspace, the people do.«[22] »People«, das sind im Englischen einerseits »die Leute«, undefinierte Personen, Menschen; andererseits bezeichnet der Begriff aber auch »das Volk«, eine (wodurch auch immer) zusammenhängende, überindividuelle Gemeinschaft – eine Gemeinschaft, die zugleich Grundlage eines politischen Gebildes ist und sich der Führung gegenüber machtlos fühlt.[23] In der Lesart der Internet-Magna Carta wird die Regierung damit zum Gegner der »people«, nicht zu deren gewählten Repräsentanten und Verteidigern – eine Denkfigur, die im heutigen Alt-Right-Internet zur Doktrin geworden ist.

»Government does not own cyberspace, the people do«, heißt für die libertären Denker der 1990er aber gerade nicht, dass das (kollektive) »Volk« Eigentümer der neuen Ressource ist, sondern dass (je einzelne) »Leute« Eigentümer des Cyberspace sein müssen. Die grundlegende Unter-

21) Siehe John Carlos Rowe, »Cybercowboys on the New Frontier: Freedom, Nationalism, and Imperialism in the Postmodern Era«, *The Information Society* 12:3 (1996), S. 309–314

22) Dyson u. a., »Cyberspace and the American Dream«, o. S.

23) Vgl. Giorgio Agamben, *Mittel ohne Zweck: Noten zur Politik*, übers. von Sabine Schulz (Freiburg: diaphanes, 2001 [1996]), S. 35

scheidung der Internet-Magna Carta ist eben nicht eine zwischen Allmende und Privateigentum, sondern zwischen Staat und Individuum: »At the level of first principles, should ownership be public (i. e. government) or private (i. e. individuals)?«[24] Dass der Cyberspace allen zugleich gehören könnte und die Regierung für die gerechte Verteilung des Gemeinguts zu sorgen hätte, kommt als Option nicht vor. Die *commons* sind das ausgeschlossene Dritte.

Der Leitmetapher des American Dream folgend, soll sich auch im neuen gelobten Land jeder seinen Claim abstecken dürfen (*enclosures*) und nach bestem Wissen und Gewissen bewirtschaften: Was (noch) keinem gehört, darf sich demnach jeder aneignen. Wie diese Aneignung vor sich gehen soll, wenn es nicht mehr um Land, sondern nur noch um einen Virtual Space geht (der auch nicht mit der Waffe in der Hand verteidigt werden kann), wird allerdings zum Problem der libertären Ideologie. Dass etwas, das sich nicht greifen lässt, allen und damit niemandem gehört (bzw. niemandem und damit allen), lässt sich leicht denken. Dass etwas, das sich nicht greifen lässt, im Besitz Einzelner sein soll, verlangt schon komplizierte Verrenkungen – vor allem, wenn man das immaterielle Eigentum dann auch noch zu Geld machen möchte. Tatsächlich kommt, um diese Freiheit des Privateigentums zu sichern, dann doch wieder ein gewisser

24) Dyson u. a., »Cyberspace and the American Dream«, o. S.

Schutz durch die Regierung ins Spiel: »Clear and enforceable property rights are essential for markets to work. Defining them is a central function of government.«

Argumentativ beziehen sich Dyson & Co. auf Präzedenzfälle der amerikanischen Geschichte: »But the need to affirm the basic principles of freedom is real. Such an affirmation is needed in part because we are entering new territory, where there are as yet no rules – just as there were no rules on the American continent in 1620, or in the Northwest Territory in 1787.« 1620 landeten die sogenannte Pilgerväter an der Ostküste des nordamerikanischen Kontinents und begannen die Besiedlung; 1787 wurde die Verfassung der Vereinigten Staaten von Amerika verabschiedet, und mit dem Northwest Territory zugleich neues Land zur Besiedlung okkupiert und für die neue (weiße) Bevölkerung freigegeben. Dank einer mythologischen Verwurstung von Christentum und Aufklärung gelang es der US-amerikanischen Vorstellungswelt, die neu zu besiedelnden Gebiete als regellos zu denken (»as yet no rules«), als nahezu unbewohnte Wildnis. Dass es auf dem Kontinent bereits eine Vielzahl von Zivilisationen mit eigenem Regelwerk, mit eigenen Traditionen und eigenen (vorkapitalistischen) Besitz- und Eigentumssystemen gab, wurde geflissentlich verdrängt.

»Cyberspace is the latest American frontier«, heißt es nun in der neuen Magna Carta. Wieder wird also neues Territorium erobert und wieder wird es als ein Gebiet imaginiert, das noch niemandem gehört und deshalb privat angeeignet werden darf – ja sogar muss, wenn es nicht unnütz brachliegen soll. Und da Information als nicht begrenztes Gut gedacht wird, ist auch genug für alle da. Interessanterweise wird der Begriff »Internet« im Text kaum erwähnt, wahrscheinlich weil er zu sehr auf die bestehenden Netze verweist, die hier verbunden werden[25]; stattdessen wird ein »Cyberspace« propagiert, der keine Vergangenheit und kein Außen hat, dafür aber die Vorstellung eines (endlosen) Raums ins Spiel bringt, der aufgeteilt werden kann.[26] In diesem leeren Raum muss sich die eigene Ideologie an keinen Hindernissen stoßen. Aber: Es gibt keine Welt ohne Geschichte, auch nicht jenseits der *digital frontier*.

Die Idee des Cyberspace stellt alles Materielle, alle bereits geleistete Arbeit in den Schatten: Haben nicht Wissenschaftsministerium und Militär die Grundlagen des Internets gelegt, bezahlt durch Steuergelder? Und wem gehört der Meeresboden, auf dem die Glasfaserkabel liegen? Wem gehört das elektromagnetische Spektrum, wem das Weltall, durch das die Satelliten jagen? Wem gehören die Daten, der Rohstoff, den wir durch unser Klicken produ-

25) Vgl. Moore, »Cyberspace Inc. and the Robber Baron Age«, S. 318–319

26) Vgl. Wendy Hui Kyong Chun, *Control and Freedom. Power and Paranoia in the Age of Fiber Optics* (Cambridge, MA: MIT, 2006), S. 28

zieren? Wessen Gedanken sind in die »images, culture, ideology and values« eingeflossen, die hier angeeignet werden sollen? Dyson & Co. stellen sich diese Fragen nicht, wie ein Kritiker kommentiert: Der »Diskurs über den Cyberspace verschließt sich (...) der Frage nach der gesellschaftlichen Konstruktion der Funktions- und Gebrauchsweisen der neuen intelligenten Werkzeuge und leugnet damit (...) die konkrete Geschichtlichkeit der Aneignungsweisen von Technik«.[27] *They are living the dream*, wie es so schön heißt.

DIE MATERIALITÄT DER BITS

Im Zentrum der Überlegungen von Dyson & Co. stehen wie gesagt die Creative Industries; ihr Ideal ist ein »openly-accessible, ›many to many‹, national multimedia network«.[28] Ein solches, allein auf dem freien Austausch von Informationen basierendes Netzwerk muss gegen die Hardware-Könige der Kinovergangenheit und der Videogegenwart durchgesetzt werden, die die unbegrenzte Freiheit der Information einzuschränken suchen, indem sie diese an begrenzte Materialität binden: »the long-time alliance of East Coast broadcasters and Hollywood glitterati will have a new lease on life: If their one-

27) Mattelart, *Kleine Geschichte der Informationsgesellschaft*, S. 68

28) Dyson u. a., »Cyberspace and the American Dream«, o. S.

way video empires win new protection, millions of Americans will be deprived of the tools to help build a new interactive multimedia culture.« Ohne eine solche materialistische Verschwörung, so die Behauptung, wird jeder Empfänger auch zum Sender – und Vielfalt, Kreativität und freie Wahl ersetzen Mainstream, Formatfernsehen und ein limitiertes Angebot.

Der Gegensatz, der hier aufgebaut wird, ist jedoch einer, der die Ebene der Vermittlung als reinen Zweck versteht: Entscheidend sind nur Sender und Empfänger, Kinosessel und Betamax spielen hier keine Rolle. Dass das Medium eine eigene, schwer zu kontrollierende Wirkmacht ausüben könnte, wird verschwiegen – aus gutem Grund: Denn genau hier, in dem Zusammenspiel von Hard- und Software in der datenverarbeitenden Vermittlung materialisiert sich Ideologie: »Software, oder vielleicht genauer, Betriebssysteme eröffnen uns eine imaginäre Beziehung zu unserer Hardware: Ihre Repräsentationen sind keine Transistoren, sondern Schreibtische und Mülleimer. Software produziert Nutzer.«[29] Heutige Social-Media-Plattformen, so ergänzt der Internetkritiker Geert Lovink, verste-

29) Wendy Hui Kyong Chun, »On Software, or the Persistence of Visual Knowledge«, *Grey Room* 18 (2004), S. 26–51, hier S. 43; deutsche Übersetzung zitiert nach Geert Lovink, *Digitaler Nihilismus. Thesen zur dunklen Seite der Plattformen*, übers. von Petra Ilyes und Andreas Kallfelz (Bielefeld: transcript, 2018), S. 53

hen sich auf dieses Handwerk: Sie sprechen einen als Freund oder User an und geben so vor, wer man sein kann.[30]

Es ist schwer zu sagen, was die Techno-Enthusiasten von damals von der gegenwärtigen Situation halten würden. Bewahrheitet hat sich wohl, dass die Bewohner des Cyberspace sich ihre eigenen Gesetze machen; keine (westliche) nationale Regierung, so scheint es heute, ist in der Lage, Facebook, Amazon, Apple und Google Verhaltensregeln vorzuschreiben und adäquate Steuern abzuverlangen. Nach wie vor stehen Politiker und Verwaltungen dem Internet mehr oder weniger perplex gegenüber. Auch die Musikindustrie hat sich wie vorhergesehen durch Napster und Myspace im selben grundsätzlichen Maße gewandelt wie das Fernsehen im Zeitalter von Youtube und Netflix. Inwiefern die zur Monopolbildung neigenden Plattformen den libertären Marktvorstellungen der Internetpropheten entsprechen, ist da schon weniger klar.[31]

Was sie wohl nicht haben kommen sehen, ist, dass heute die Opposition von Massenkultur und individualisierter Zivilisation in einem Massenindividualismus aufgeht: Was bedeutet es, dass heute jeder etwas *anderes* auf *derselben* Plattform hochladen darf? Die Plattformen tun zwar entsprechend

30) Lovink, *Digitaler Nihilismus*, S. 52–57

31) Siehe Nick Srnicek, *Platform Capitalism* (Cambridge: Polity, 2017), S. 44

der neuen Magna Carta-Ideologie so, als wenn sie nur neutrale Vermittler wären; das Sagen haben angeblich die Sender und Empfänger, Produzenten und Konsumenten, die hier dieselben sind: Peer-2peer-Prosumenten. Dass die von den Plattformen programmierten Algorithmen auswählen, welche Sender wie und wann auf welche Empfänger treffen, wird dabei aber geflissentlich übergangen.

Vor allem aber hat sich die Abkopplung des Digitalen vom Analogen, des Immateriellen vom Materiellen, des Virtuellen vom Reellen nicht vollzogen. Im Gegenteil: Es fahren immer größere Containerschiffe über die Weltmeere und immer mehr Lieferdienste durch die Stadt, um die im Internet bestellten Waren zu den Kunden zu bringen. Uber und AirBnB verdienen ihr Geld mit Häusern und Autos (die ihnen nicht gehören). Youtuber und Instagram-Influencer verdienen vor allem dann Geld, wenn sie in der Lage sind, handfeste Produkte zu bewerben – oder wenn sie Daten generieren, die auf Konsumpräferenzen rückschließen lassen. Facebooks Daten sind die Grundlage für individualisierte Produktangebote. Auch ein (industrielles) Internet der Dinge scheinen Dyson & Co. nicht erahnt zu haben, in dem das Internet hauptsächlich zur Aufwertung herkömmlicher Dinge wie Kühlschrank, Heizung und Auto und zur Vernetzung schwerer Maschinen genutzt wird.

Dabei sprechen wir noch nicht einmal von der Stromversorgung für die notwendigen Serverfarmen, Repeater-Stationen, Internetknoten und ihre Kühlung, den Erzen und Erden der Endgeräte, den Glasfaserkabeln und Mobilfunkmasten der Vernetzung usw. Schon der Buchdruck musste für die Ermöglichung ›körperloser‹ Kommunikation (Kap. II) hohen Aufwand betreiben: Ohne Papierfabriken, Druckmaschinen, Lager, Lastwagen und Buchhandlungen käme keine Kommunikation zustande. Doch der Bedarf an Energie und Materie, den die Kommunikation im Internet verschlingt, stellt alles in den Schatten.[32] Entsprechend ist der Informations-Highway kein Freeway, sondern verlangte eine stattliche (wenn auch nicht staatliche) Mautgebühr. Zwar gibt es die von Dyson & Co. prognostizierte Entwicklung, vermehrt Dienste anzubieten, statt etwas zu verkaufen; man denke an Spotify und die Softwarevermietung von Microsoft, Adobe und anderen. Aber die profitabelsten Techfirmen (Amazon, Alphabet) besitzen handfeste Infrastrukturen aus Serverfarmen und Glasfaserkabeln, harte Währung in Form von Land und Maschinen: »Far from being mere owners of information, these companies are becoming owners of the infrastructure of society«, heißt es leicht apodiktisch in einem kürzlich erschienenen Buch über *Platform Capitalism*.[33] Die Ideologie des Individualismus ruht auf der Infrastruktur der Masse.

32) Siehe Sean Cubitt, *Finite Media: Environmental Implications of Digital Technologies* (Durham, NC: Duke University Press, 2017), S. 13–150

33) Srnicek, *Platform Capitalism*, S. 92

Digitales kann sich nicht entmaterialisieren, selbst wenn sich Informationen von spezifischen Medien unabhängig machen: »As a mere collection of 0s and 1s, digital information is independent of the particular media on which it is stored – hard drive, optical disk, etc. – and the particular signal carrier which encode bits, whether magnetic polarities, voltage intensities, or pulses of light.«[34] Aber in *irgendeiner* Weise muss sich die logische Struktur der Bits materialisieren, wenn sie gespeichert, verteilt und konsumiert werden soll, wenn sie Effekte haben und Affekte auslösen will. Lenkt man das Augenmerk auf diese Formen der Materialisierung, wird vor allem eines deutlich: »that computation is a mechanical process based on the limited resources of processing power, storage, and connectivity.«[35]

Das Digitale löst das Analoge genauso wenig ab, wie das Licht (der Glasfaserkabel) den Strom (für die Bildschirme) – und das Internet bringt die Industrie nicht zum Verschwinden. Die nachindustrielle Informationsgesellschaft bleibt Ideologie.[36] Digitales und Analoges, Internet und Industrie gehen vielmehr neuartige, historisch und regional unterschiedliche Gemengelagen ein. Diese gilt es zu

34) Blanchette, »A Material History of Bits«, S. 1042

35) Ebd., S. 1043

36) Siehe Mattelart, *Kleine Geschichte der Informationsgesellschaft*, S. 71–90

studieren. Das heißt eben *nicht nur*, die »images, symbols, culture, ideology, and values« zu analysieren, die laut Dyson & Co. alles sind, nicht nur Geschichten, Narrative, Repräsentationen, Memes und Emojis, nicht nur Rhetorik, Semantik, Text und Zeichen[37]; sondern *auch* die materiellen medialen Infrastrukturen, die Raum zum Verbreiten benötigen, Zeit zur Herstellung und die damit eingeflochten sind in bestehende soziale, rechtliche, politische, ökologische und ökonomische Zusammenhänge und Machtverhältnisse. Mehr als alles andere geht es um die jeweiligen Verknüpfungen beider Bereiche (Technologie & Semantik) in der kontextuell eingebetteten Praxis ihres Gebrauchs (Politik).[38]

Ein letztes Beispiel: Um Wahl- oder Konsumverhalten zu verändern, benötigt man nicht nur (immaterielle) Daten, sondern auch die Mittel, um die Botschaften an den Kunden bzw. die Wählerin zu bringen. Und um im brasilianischen Wahlkampf WhatsApp-Bulk-Messaging zu betreiben, braucht man nicht nur Adressen beeinflussbarer Personen und knackig-überzeugende Sprüche, sondern auch einen ganzen Haufen Smartphones und SIM-Karten, Angestellte, die die SIM-Karten

37) Vgl. Geert Lovink, *Networks Without a Cause: A Critique of Social Media* (Cambridge: Polity, 2011), S. 76–94

38) Vgl. Régis Debray, *Media Manifestos. On the Technological Transmission of Cultural Forms*, übers. von Eric Rauth (London: Verso 1996 [1994]), S. 17–18

wechseln und die Nachrichten versenden, Büros, in denen dies geschieht usw.[39] Man braucht Materialien, Arbeit, Zeit und Geld – und Smartphones.

39) Siehe Gabriel Pereira und Iago Bojczuk, »Journalist Patrícia Campos Mello on WhatsApp and the 2018 Brazil Elections«, *Global Media Technologies and Cultures Lab*, http://globalmedia.mit.edu/2019/05/01/patricia-campos-mello-interview/

SIM-Karten im brasilianischen Wahlkampf

BRIGHT
M22
M22

mmh, du rufst mich an und fragst mich,
wie's mir geht
ich ruf' dich an und ich frag' dich, wie's
dir geht
du rufst mich an und du sagst, du
kommst zu spät
und dabei bist du schon viel zu spät
es tut mir leid, wenn ich das alles nicht
versteh'
es tut dir leid, wenn ich nach hause geh'
dann rufst du an auf meinem handy
und dann bist du wieder candy

komm vorbei in meinem bungalow
ich hab' snacks für die latenightshow
mama kocht für alle
mama kocht für mich und dich

komm vorbei in meinem bungalow
by the rivers of cash flow
wir trinken schorle, trinken soda
komm vorbei mit deinem skoda

ich brauch' power für mein' akku
hab' keine power in mein' akku
baby, leih mir dein'n lader
komm, bitte leih mir dein'n lader
ich brauch' power für mein' akku
hab' keine power in mein' akku
baby, leih mir dein'n lader
ich brauch' mehr strom

Bilderbuch, *Magic Life* (Maschin Records, 2017)

https://vimeo.com/198776096

V. CHINAFRIKA.MOBILE SMARTPHONE-ANWENDUNGEN

BLACKBOX SMARTPHONE

Es beginnt in völliger Dunkelheit. Nur eine römische »I.« lässt erahnen, dass sich bald der Vorhang zu einer Geschichte in mehreren Akten öffnen wird. Man hört Grabegeräusche, eine Einblendung verrät, dass man sich in »Kolwezi, Lualaba« befindet, und noch bevor man sich fragen kann, wo das wohl ist, liest man die Antwort: »Democratic Republic of Kongo«. Erst langsam werden geisterhafte Schemen sichtbar, bis dann plötzlich ein Hammer in einer dunklen Hand zu erkennen ist, der auf Stein schlägt. In klaustrophobischer Enge sieht man aber immer noch nicht mehr, als der Schein einer Kopflampe es erlaubt. Weitere Steine werden zerschlagen und in einen Sack gefüllt. Man vernimmt Gespräche, aber diese sind in Swahili geführt und bleiben für die meisten europäischen Zuschauer*innen unverständlich. Erst nach gut einer Minute verrät ein Untertitel, worum es geht: »Kobalt!« Bald erahnen wir, dass wir zwei Arbeiter in einem Kriechstollen beobachten. Nach fünf schwer erträglichen Minuten in der dunklen Enge wird endlich helles Tageslicht sichtbar und die Arbeiter klettern nach oben und draußen.

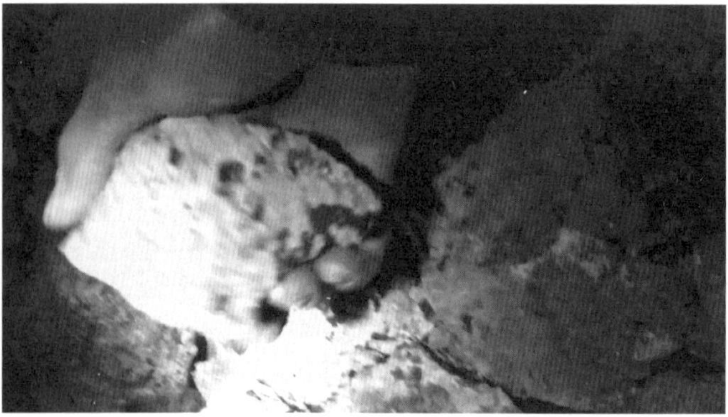

Wie viele andere Dokumentarfilme folgt auch dieser der Idee der Aufklärung: Das, was ungesehen vor sich geht, das, was den Augen der Öffentlichkeit für gewöhnlich vorenthalten bleibt, soll ans Licht der Öffentlichkeit geholt werden. Doch die Blackbox, die hier geöffnet wird, befindet sich weder in ethnografischer Ferne noch im subkulturellen Untergrund, sondern mitten in unsere Hand. Kobalt, und wie es gewonnen wird, ist vor allem deshalb von Interesse, weil es zu den gut 60 Mineralen, Metallen, seltenen Erden und anderen Rohstoffen gehört, die zur Produktion eines Smartphones benötigt werden. Neben 70 mg Kobalt werden unter anderem auch 20 mg Tantal und 2 mg Indium benötigt, dazu in größerem Maße noch 13 g Silizium, 6 g Kupfer und 2,7 g Nickel. Das macht bei geschätzten 1,5 Milliarden produzierten Smartphones im Jahr etwa 100 t Kobalt, 8.700 t Kupfer und 20.000 t Silizium. Das kann man bei Youtube nachschauen, machen aber nicht besonders viele.[1]

1) University of Plymouth, »What's in a Smartphone?«, *youtube.com*, https://www.youtube.com/watch?time_continue=88&v=bhuWmcDT05Q. Zum Zeitpunkt des Abrufs im September 2019 hatte die Seite erst 76.466 Aufrufe, obwohl sie schon seit über einem halben Jahr online war; das Musikvideo zu Daddy Yankees »Con Calma«, eine Adaption von Snows 25 Jahre altem Hit »Informer«, wurde im gleichen Zeitraum etwa 1,5 Milliarden Mal aufgerufen. Das ist 20.000 Mal mehr.

Das Smartphone dominiert inzwischen den Zugang zum Internet. 2019 besitzen über vier Milliarden Menschen ein Smartphone[2]; insbesondere in Asien und in Afrika sind mobile Endgeräte das wichtigste Interface.[3] Seit 2016 werden weltweit mehr Webseiten auf mobilen Geräten geöffnet als auf dem heimischen Computer.[4] Gerade Social-Media-Anwendungen für Masseninteraktionen (Kap. II) werden auf dem Smartphone konsumiert: 86 % der Zeit, die wir mit Twitter verbringen, sind wir unterwegs.[5] Und immer seltener geschieht der mobile Zugriff auf das Internet, indem man eine Webseite aufruft. Das Smartphone verdrängt auch den Browser des WWW- und Desktop-Zeitalters:

2) J. Clement, »Mobile Internet Usage Worldwide – Statistics & Facts«, *statista*, 5. 7. 2019, https://www.statista.com/topics/779/mobile-internet/

3) J. Clement, »Mobile Internet Traffic as Percentage of Total Web Traffic in February 2019, by Region«, *statista*, https://www.statista.com/statistics/306528/share-of-mobile-internet-traffic-in-global-regions/

4) Samuel Gibbs, »Mobile Web Browsing Overtakes Desktop for the First Time«, *The Guardian*, 2. 11. 2016, https://www.theguardian.com/technology/2016/nov/02/mobile-web-browsing-desktop-smartphones-tablets

5) Christo Petrov, »52 Mobile vs. Desktop Usage Statistics For 2019 [Mobile's Overtaking!]«, *techjury*, 12. 3. 2019, https://techjury.net/stats-about/mobile-vs-desktop-usage/

87 % der Zeit, die mit dem Smartphone im Netz verbracht wird, läuft über Apps.[6] Wir halten das Internet jetzt fest in unserer Hand, immer und überall per Daumendruck auf den Touchscreen nutzbar.

Um eine solche Mobilität ermöglichen zu können, müssen Smartphones über längere Zeiträume ungebunden, also kabellos und über verschiedene Netze und Einwahlpunkte hinweg funktionieren und die dafür notwendige Technologie so leicht und klein halten, dass sie portabel bleibt. Wie es scheint, ist dieser Wechsel vom immobilen Desktop-Computer zum mobilen Endgerät zum jetzigen Zeitpunkt nur möglich (bzw. am günstigsten möglich), wenn man Materialien aus allen Kontinenten der Erde verwendet. Dank der spezifischen, engen Molekularstruktur ermöglicht Kobalt bspw. eine besonders gute Wiederaufladbarkeit, ohne dabei feuergefährlich zu sein. Neben Kobalt aus der Demokratischen Republik Kongo (DRK) wird auch Tungsten aus China benötigt (82 % der Weltproduktion), Kupfer aus Chile (30 %), Nickel von den Philippinen (21 %) und Gold aus Australien (10 %) oder Russland (8 %) – jedes Material von jedem Kontinent eröffnet Möglichkeiten, die schließlich zum geologisch-geografisch gesättigtem Smartphone führen. Das Smartphone, das Menschen unabhängig ihrer Herkunft globalgesellschaftlich verbindet, fordert also zugleich supranationale

6) Clement, »Mobile Internet Usage Worldwide«

»Beim Abstieg in die Erdlöcher kann man leicht abrutschen.«

ökonomische Verbindungen ganz spezifischer Lokalitäten, um diese Funktion erfüllen zu können. Umso mobiler unsere Smartphones werden, desto größer scheinen die Entfernungen, die die Zutaten zurücklegen.

Die Möglichkeit, eine neue Perspektive auf den Zusammenhang von Medienmaterialität und digitaler Kommunikation zu entwickeln, eröffnet für mich das künstlerische Forschungsprojekt *Chinafrika.underconstruction* von Jochen Becker und Daniel Kötter.[7] In Zusammenarbeit mit Kunstschaffenden und Forschenden aus Deutschland, Nigeria, DRK, Südafrika und China werden in Workshops und Ausstellungen vor allem die kulturellen Transformationen erkundet, die sich durch die zunehmende wirtschaftliche Vernetzung von China und Afrika ergeben. Während allgemein im Mittelpunkt von *Chinafrika.underconstruction* die Beobachtung einer zunehmenden »Provinzialisierung Europas« steht, wie sie der indische Historiker Dipesh Chakrabarty konstatiert, konzentriert sich Daniel Kötters filmischer Beitrag *Chinafrika. Mobile* (D, 2017) auf die spezielle Rolle des Smartphones in der chinafrikanischen Liaison zu Ungunsten Europas.

7) Siehe »Information«, *chinafrika.underconstruction*, https://chinafrika.org/information/

AKT I: GEWINNUNG/EXTRACTION[8]

Industrie beginnt im Untergrund, in der Mine; ohne Kohle keine Fabrik, ohne Erz keine Maschine. Und kein Data-Mining. Auch *Chinafrika.Mobile* startet am Anfang aller Wertschöpfung: der Entnahme von Bodenschätzen aus dem Erdreich. Die Grube, mit der der Film eröffnet, wird von den Creuseurs, wie sich die Bergbauarbeiter nennen, von Hand und mit einfachsten Werkzeugen ausgehoben. Da Kobalt bereits wenige Meter unter der Erde gefunden werden kann, wird ohne Maschinen, ohne Ausrüstung, ohne Schutzkleidung und praktisch ohne jede Absicherung gearbeitet. Was wie archaische Bergbauarbeit erscheint, ist jedoch eine relativ neue Entwicklung.

Erst seit den 1970ern konzentriert sich der weltweite Abbau von Kobalt auf den sogenannten Copperbelt, eine riesige Lagerstätte, die sich über Sambia, die DRK und Angola erstreckt; die belgischen Kolonialherren hatten einst mit dem Abbau begonnen und die nationalen Regierungen nach der

8) Zu den Stufen des Smartphone-Zyklus siehe Enda Brophy und Greig de Peuter, »Labors of Mobility: Communicative Capitalism and the Smartphone Cybertariat«, in: *Theories of the Mobile Internet. Materialities and Imaginaries*, Hg. Andrew Herman, Jan Hadlaw und Thom Swiss (New York, London: Routledge, 2015), S. 60–84

Unabhängigkeit haben diesen weiter forciert. Der U.S. Geological Survey – eine staatliche Institution, die die natürlichen Ressourcen der USA (im globalen Vergleich) analysiert – gibt für 2018 an, dass von den 140.000 t Kobalt, die weltweit gewonnen wurden, 90.000 t aus dem Kongo stammten.[9] Im Kongo befinden sich die Kobaltvorkommen vor allem in der Region Katanga, in der auch die im Film gezeigte Stadt Kolwezi liegt. Insgesamt lagert hier etwa die Hälfte der weltweiten Kobaltreserven.

Kolonialmacht und Nationalregierung betrieben den Bergbau im großindustriellen Stil. Erst als die staatlichen Bergbaubetriebe im Zuge von Misswirtschaft, internationaler Einmischung und Gewalthandlungen Mitte der 1990er schließen mussten, begann der Abbau auf eigene Faust.[10] Bis etwa 2006 wurden in der Folge »über 90 % der

9) U.S. Geological Survey, *Mineral Commodity Summaries 2019*, https://www.usgs.gov/centers/nmic/mineral-commodity-summaries

10) Zur Geschichte des Kobaltabbaus im Kongo siehe Siyamend Al Barazi u. a., »Kobalt aus der DR Kongo – Potenziale, Risiken und Bedeutung für den Kobaltmarkt«, *Commodity TopNews* 53 (Hannover: Bundesanstalt für Geowissenschaften und Rohstoffe, 2017), S. 7; *»This is what we die for«. Human Rights Abuses in the Democratic Republic of the Congo Power the Global Trade in Cobalt* (London: Amnesty International, 2016), S. 15–18

gesamtkongolesischen Kobaltförderung im (…) Kleinbergbau gewonnen«, so ein Bericht der Deutschen Rohstoffagentur.[11] Eine geringe staatliche Kontrolle inmitten kriegerischer Auseinandersetzungen bedeutet aber nicht, dass die selbstständigen Kleinbergbauarbeiter den Lohn für das Risiko, das sie durch das manuelle Schürfen eingehen, selbst einfahren können.

Tatsächlich hat der Staat nicht nur weitgehend die Kontrolle über das Wirtschaften aufgegeben, ein staatliches Gewaltmonopol wird ebenso wenig ausgeübt: Ein Teil ihrer Erlöse müssen die Bergbauarbeiter in Folge dessen an halb- bis illegale Vereinigungen abtreten, die den Boden für sich beanspruchen; häufig werden Gelder für die Finanzierung von Gewalthandlungen im Ostkongo abgeführt.[12] Jeder, so scheint es, will von den Schätzen des Kupfergürtels profitieren: »Neben Bürgerkriegsparteien, etlichen Rebellengruppen und Lokalmilizen kämpften in den 90er und Anfang 2000er Jahren auch Armeen von neun benachbarten Ländern, um sich einen Anteil am Ressourcenreichtum des Kongo zu sichern.«[13] Das hat natürlich Folgen für die

11) Al Barazi u. a., »Kobalt aus der DR Kongo«, S. 7

12) Zur Verstrickung von Krieg und Rohstoffen im Kongo siehe Peter Eichstaedt, *Consuming the Congo: War and Conflict Minerals in the World's Deadliest Place* (Chicago: Lawrence Hill, 2011)

13) Meike Westerkamp, Moira Feil und Dennis Tänzler, *Rohstoffkonflikte nachhaltig vermeiden: Fallstudie und*

Creuseurs, wie eine Studie im Auftrag des Umweltbundesamt dazu 2010 ausführt: »Wie in allen anderen Teilen der Demokratischen Republik Kongo, in denen Rohstoffe für den Abbau leicht zugänglich sind, haben politische und wirtschaftliche Unsicherheiten in Katanga informelle Arbeitsverhältnisse, kriminelle und schattenstaatliche Netzwerke begünstigt. Ca. 80 % des gesamten offiziellen Exports von Kupfer und Kobalt in 2006 wurde manuell und 40–60 % der gesamten Exporte illegal geschürft.«[14]

Seit dem Boom der Smartphones (und zunehmend auch von Elektromobilität), der gesteigerten Nachfrage nach Lithiumionen-Akkus und einer relativen Stabilisierung der politischen Situation im Kongo hat sich die Situation der Kleinbergbauarbeiter nicht verbessert. Da vermehrt große internationale Unternehmen den industriellen Bergbau wiederaufnehmen und vorantreiben, ohne jedoch entsprechend viele Arbeitsplätze zu schaffen, wurden die Creuseurs an den Rand gedrängt. 2016 wurden daher nur noch etwa 15 bis 20 Prozent der kongolesischen Kobaltförderung von Kleinbergbauarbeitern vorgenommen; nach Angaben der Deutschen Rohstoffagentur entspricht dies »etwa

Szenarien zu Kupfer und Kobalt in der Demokratischen Republik Kongo (Teilbericht 3.2). Studie im Auftrag des Umweltbundesamtes (Forschungsprojekt FKZ 370819 102) (Berlin: adelphi, 2010), S. 10

14) Ebd., S. 13

12.000–18.000 t mit einem Gesamtexportwert von etwa 330–500 Mio. US$.«[15] Nimmt man hinzu, das geschätzte 110.000 bis 150.000 Menschen im Kobaltkleinbergbau tätigt sind, käme man auf eine Verdienstmöglichkeit von etwa 250 US$ im Monat. Wie viel davon bei den Kleinbergbauarbeitern ankommt, ist nicht genau bekannt. Laut Amnesty International sind es in vielen Fällen nur wenige Dollar pro Tag.[16]

Inzwischen gibt es nationale Regularien für den Bergbau und »OECD-Leitsätze für die Erfüllung der Sorgfaltspflicht zur Förderung verantwortungsvoller Lieferketten für Minerale aus Konflikt- und Hochrisikogebieten«, aber die Praxis scheint weiterhin anders auszusehen.[17] Und selbst wenn es »verantwortungsvolle Lieferketten« geben sollte, stützt die OECD nur die bestehenden wirtschaftlichen Beziehungen, indem sie dem Verhältnis von Liefernden und Empfangenden eine ethische Absolution erteilt. Dass man die Rohstoffe vielleicht gar nicht erst aus den sogenannten »Konflikt- und Hochrisikogebieten« ausliefern müsste, betont ein Journalist aus dem Kongo, der im Film zur Sprache kommt: »Warum nimmt der Kongo nicht Teil am Produktionsprozess von Mobiltelefonen? (...) Warum überlegt niemand, die Herstellung von

15) Al Barazi u. a., »Kobalt aus der DR Kongo«, S. 9

16) *»This is what we die for«*, S. 16

17) Ebd., S. 8–10

Elektroautos in den Kongo zu verlegen? (…) Wir müssen dahin kommen, selber Batterien zu produzieren. Alle Rohstoffe, die man dafür braucht, sind hier im Kongo.«

AKT II: VERARBEITUNG/PRODUCTION

Nur ein geringer Teil des im Kongo gewonnenen Kobalts wird vor Ort weiterverarbeitet. Die Creuseurs bringen ihre Erträge in Säcke verpackt und auf Mofas und Fahrräder verstaut zu örtlichen Zwischenhändlern; die meisten dieser Händler sind Chinesen. Die Zwischenhändler bestimmen den Wert der Ware auf nicht immer nachvollziehbare Weise, aber sie fragen auch nicht, wie und wo das Erz abgebaut wurde; geschichts- und herkunftslos wird die Ware dann an größere, häufig ebenfalls chinesische Betriebe weiterverkauft, die das Material aufarbeiten und dann exportieren.[18] Mit Zug und LKW (auf alten kolonialen Wegen) werden die produktionsfertigen Rohstoffe zu den Häfen von Durban oder Daressalam gebracht.[19] Der überwiegende Teil geht von dort per Schiff (angetrieben von fossilen Brennstoffen) nach China, dem weltweit größten Konsumenten von Kobalt, und 80 % des Kobalts, das nach China kommt, wird für die Herstellung von

18) Ebd., S. 8

19) Siehe Westerkamp u. a., *Rohstoffkonflikte nachhaltig vermeiden*, S. 8

Lithiumionen-Akkus verwendet, insbesondere für die positiven Elektroden in diesen, die aus Lithium-Kobalt-Dioxid bestehen.[20] Die Akkus werden dann an die Hersteller von Smartphones verkauft und landen schließlich in unseren Händen, frisch verpackt und sauber eingeschweißt.

Die Creuseurs wissen nur wenig darüber, was weiter mit den von ihnen abgebauten Erzen geschieht. Im Film berichtet einer: »Über das Kobalt wissen wir nur, was uns die Weißen erzählen. ›Das wird aus Euren Erzen, aus Kobalt hergestellt.‹ Keine Ahnung, wohin das Kobalt geht und was sie damit machen.« Die Smartphone-Hersteller wissen angeblich ebenso wenig, woher das Kobalt stammt, das sie zur Produktion verwenden; so behaupten sie zumindest: »Both the smelters and mines from which the metals such as cobalt are originally sourced are several steps away from Vodafone in the supply chain. For this reason, we are unaware as to whether or not cobalt in our products originates in Katanga in DRC«, so Vodafone auf Anfrage von Amnesty International.[21] Der Markt, dem die Verteilung der Rohstoffe überlassen wird, verdrängt als Quasi-Akteur die (juristischen) Personen, die Ver-

20) Kim B. Shedd, »Cobalt«, *2015 Minerals Yearbook, USGC*, https://s3-us-west-2.amazonaws.com/prd-wret/assets/palladium/production/mineral-pubs/cobalt/myb1-2015-cobal.pdf

21) »*This is what we die for*«, S. 61

antwortung für ihr Handeln übernehmen könnten.[22] Und die »Funktionslogik der Medien« (Kap. III) gebietet, dass wir, die wir das Smartphone benutzen, die Frage nach dem Material und seiner Herkunft nicht stellen. Die mineralischen Ursprünge verschwinden im weltweiten Netz.

Der Film macht zwischen dem Kongo und der Volksrepublik China einen deutlichen Bruch sichtbar: Während die Kleinbergbauarbeiter des Kongos an die grabenden Kleinbauern Kambodschas (Kap. III) erinnern (auch sie sind nur leicht bekleidet, auch sie zeigen die nackten Hände und Füße, mit denen sie die Arbeit verrichten), wechselt im zweiten Akt des Films die Szenerie. Während der überwiegende Teil des Kongo-Abschnitts draußen unter freiem Himmel aufgenommen ist, befinden wir uns jetzt im Neonlicht einer Fabrik. Jetzt tragen Arbeiter und Arbeiterinnen (im Kongo waren nur Männer zu sehen) uniforme Arbeitskleidung, einige zusätzlich einen Mundschutz oder eine Haube; statt mit Hammer und Meißel operieren sie mit elektronischem Feinwerkzeug. Laut Zwischentitel befinden wir uns

22) Seit Dezember 2019 sehen sich Apple, Google, Dell, Microsoft und Tesla einer Sammelklage gegenüber, welche die Menschenrechtsorganisation International Rights Advocates im Namen von vierzehn Familien vor einem US-amerikanischen Gericht eingereicht hat, deren Kinder und Angehörige beim Kobaltabbau im Kongo ums Leben gekommen sind bzw. schwer verletzt wurden.

jetzt in der Stadt Shenzhen im Pearl River Delta in China, der größten Metropolregion der Welt.[23]

Wie schon im vorherigen Abschnitt verzichtet der Film auch hier auf die explizite Darstellung kritikwürdiger Arbeitsbedingungen, wie sie etwa der Sozialwissenschaftler Christian Fuchs aufführt: »low wages, unpaid parts of the workday, no breaks, long working hours, working conditions that are hazardous to physical and psychological health, forced overtime, forced student labour, military management including punishments and beatings, and employer-friendly pseudo-unions.«[24] Stattdessen kommt ein nicht genauer zu identifizierender chinesischer Manager zu Wort, der den in der sogenannten Special-Economic-Zone – zu der neben Shenzhen auch Hongkong und Guangzhou gehören – verbreiteten marktwirtschaftlichen, kapitalgeförderten Wettbewerbsgedanken preist. Verfremdet werden die Aussagen durch die offensichtliche Manipulation des filmischen Materials, das so verlangsamt wiedergegeben wird, dass es in verzerrte Einzelbilder zu zerfallen droht; die gleichermaßen verschlierten, leise kreischenden

23) »East Asia's Changing Urban Landscape: Measuring a Decade of Spatial Growth«, *The World Bank*, 26. 1. 2015, https://www.worldbank.org/en/topic/urbandevelopment/publication/east-asias-changing-urban-landscape-measuring-a-decade-of-spatial-growth

24) Christian Fuchs, *Digital Labour and Karl Marx* (New York: Routledge, 2014), S. 194

Hintergrundgeräusche geben einen unklaren Soundtrack ab. Was hier genau passiert, bleibt undurchsichtig.

AKT III: DISTRIBUTION

Sicher nicht der größte, aber doch ein beträchtlicher Teil der Smartphones, die in Shenzhen zusammengebaut werden, findet seinen Weg zurück nach Afrika. Aber nicht, wie man es von der Globalisierung erwarten könnte: *im Container* (Kap. I). Eher: *im Koffer*, wie Jochen Becker auf der Internetseite von *Chinafrica.underconstruction* erläutert: »The ›suitcase traders‹ coming from Africa to Hong Kong or Guangzhou fill their bags with 32 kilograms of smartphones made in China or ship boxes and bundles as general cargo in order to then sell them for a profit at markets in their home countries.«[25] »Low-end globalisation« nennt das der Hongkonger Anthropologe Gordon Mathews: informeller Handel, der mit geringem Kapital am Rande der Legalität zwischen Entwicklungs- und Schwellenländern stattfindet und meist von selbstständigen Unternehmern betrieben wird.[26]

25) Jochen Becker, »the Box, the Bundle, the Packet«, *chinafrika.underconstruction*, https://chinafrika.org/material/research/001-the-box-the-bundle-the-packet/

26) Gordon Mathews, »Chungking Mansions: A Center of ›Low-End Globalization‹«, *Ethnology* 46:2 (2007), S. 169–183, hier S. 170

Einer dieser Händler stellt sich der Kamera als Ozuma vor; er gibt an, den Dahatou-Markt in Guangzhou zu besuchen. Dort kaufen Nigerianer gebrauchte Markentelefone, bei denen einzelne Komponenten erneuert wurden; »refurbished« nennt man solche Geräte. Mit diesen Modellen lässt sich auf dem heimischen Markt ein deutlich höherer Preis erzielen als mit speziell für den afrikanischen Markt produzierten Marken, die als minderwertig gelten. Die Händler agieren meist im Auftrag afrikanischer Einzelhändler, die ihnen spezifische Angaben darüber mitgeben, welche Modelle sie benötigen.

Wie schon in den vorhergehenden Abschnitten des Films sind auch diese Aufnahmen ausschließlich mit der Kamera eines iPhones gefilmt worden. Während die Portabilität des *handheld device* und die leichte Bedienbarkeit der Kamera es im ersten Teil des Films überhaupt erst möglich machten, in die Kriechstollen zu gelangen und die Erfahrungen des Grabens aus nächster Nähe einzufangen, ist die Funktion hier eine andere. Da die chinesischen Märkte Teil einer Schattenwirtschaft sind, werden jegliche Aufnahmen untersagt, wie Ozuma im Film erklärt: »Die Chinesen sind total empfindlich mit Fotos oder Video in ihrem Markt. Weil alles, was in diesem Markt verkauft wird, sind Kopien. Hier in China gibt es die sogenannte Kopie-Polizei. Die patrouillieren auf den Märkten und schauen nach Telefon-Kopien. Deshalb erlaubt das Management keinerlei Bild- und Video-Aufnahmen von dem, was

it5231
it5231
it5020
it5010
it2180
it5613
it6910
it6910
it5613
itel
it5310

hier im Markt passiert.« Ein iPhone in der Hand zu halten, ist in dieser Umgebung hingegen völlig unauffällig. Die ungewöhnlichen, hüfthohen, oft starren oder holprigen Perspektiven der Aufnahmen resultieren also daher, dass für die Aufnahmen wie zufällig gehaltene oder liegen gelassene Smartphones verwendet wurden. So kann vor aller Augen mit ›versteckter‹ Kamera gearbeitet werden.

AKT IV: VERBRAUCH/CONSUMPTION

An den Endverbraucher gebracht werden die Smartphones im Film auf dem Markt des Ikeja Computer Village in Lagos, Nigeria. Hier gibt es Modelle für unterschiedliche Käufergruppen, wie eine Verkäuferin erläutert: »Die Armen können sich jetzt Handys leisten. Als es noch keine Tecno- und Infinix-Handys auf dem Markt gab, gab es so viele, die sich kein Handy leisten konnten. (…) Nicht jeder kann sich eben Samsung, iPhone oder HTC leisten.« Die Kamera wird nun wieder offen getragen und sogar von den Marktbesuchern kommentiert: »Verkauf mir deine Kamera, dein iPhone 6!« Jetzt wird auch wieder auf der Straße gefilmt bzw. innerhalb des nur teilüberdachten Marktes, wieder nur bei natürlichem Licht – im Gegensatz zu der künstlichen Beleuchtung auf dem Markt in Guangzhou. Mit der Kamera können die Zuschauer*innen den labyrinthartigen Markt erkunden und dort tätige Verkäuferinnen und Reparateure kennenlernen.

Wie schon in Shenzhen kommt auch hier eine Stimme zu Wort, die ein überwiegend positives Bild zeichnet; diesmal nicht hinsichtlich der Möglichkeiten, die sich den Produzenten von Smartphones eröffnen, sondern derer, die sich dem Verbraucher bieten: »Jemand der kein Handy hat, kann sich manchmal fühlen wie in einer Leichenhalle. Leute wollen lieber auf dem Sterbebett sein, als ohne Handy. Aber ehrlich gesagt, hat es unser Leben extrem verbessert. Informationen sind leichter und schneller zugänglich. Es hat den Papierkram reduziert, und auch das Gewicht, das wir mit uns rumtragen.« Tatsächlich gibt es in keinem afrikanischen Land so viele Mobiltelefone wie in Nigeria. Über 90 % der Nigerianer haben ein Mobiltelefon, 82 % aller Mobilfunkverträge Afrikas werden in Nigeria abgeschlossen, und 29 % des kontinentalen Internetverkehrs wird ebenfalls im bevölkerungsreichsten und wirtschaftsstärksten Land Afrikas generiert.[27] Ohne Smartphone gehört man nicht dazu.

»Schau, was das für Vorteile hat! Man kann sich zurechtfinden an Orten, wo man noch nie war. (…) Fernsehen, Musik, Radio, Whatsapp, Facebook.« Und für die Zukunft scheint es keine Grenzen zu geben: »Manchmal wollen wir auch ein Handy mit Kühlschrank. Oder mit Ventilator und Aircondi-

27) »Nigeria – Information and Communications Technology«, *export.gov*, 13. 8. 2019, https://www.export.gov/article?id=Nigeria-Information-and-Communications-Technology

tion. Ein Mobiltelefon sollte mobil sein, mit Reifen und so. Es sollte konvertierbar sein in ein Automobil. Wir werden eine Technologie erleben, bei der wir mit jemandem reden ohne Telefon. Wir werden die Person sehen, ohne ein Handy in der Hand zu halten. Als würden wir die Person live reden sehen.« Die Zukunft ist auch in dieser utopischen Fantasie frei von jeder (sichtbaren) Vermittlung und jeder (sichtbaren) Materie. Nur die Körper der Menschen werden noch benötigt.

AKT V: RECYCLING/REPURPOSING

Ein Blick auf die Herstellung von Medieninfrastrukturen erlaubt uns die Wahrnehmung der Arbeit, die in das Medium eingeht, bevor es im Funktionieren verschwindet (Kap. III). Am Ende der Funktionszeit verschwindet das Medium erneut, allerdings nur *als* Medium. Auch wenn es albern erscheint, extra darauf hinzuweisen: Dinge existieren auch noch, wenn sie aus dem Gebrauch entlassen werden.[28] Die Glasfaserkabel unter dem Meer bleiben liegen, auch wenn durch sie kein Licht mehr fließt, und das Smartphone existiert weiterhin, auch

28) Vgl. J. Macgregor Wise, »A Hole in the Hand. Assemblages of Attention and Mobile Screens«, in: *Theories of the Mobile Internet. Materialities and Imaginaries*, Hg. Andrew Herman, Jan Hadlaw und Thom Swiss (New York, London: Routledge, 2015), S. 212–231, hier S. 227

wenn es jede Smartheit verloren hat. Wer es dramatisch mag, kann von untoten Medien sprechen, von Zombie-Medien: Auch wenn ihr Geist tot ist, leben sie als reine Materie weiter – und verbreiten Angst, Schrecken und ein schlechtes Gewissen.[29]

Chinafrika.Mobile verzichtet auch hier wieder auf unschöne Bilder von E-Müllbergen, die das toxische Erbe der globalen Produktion deponieren und auf denen Müllsammler ihr trauriges Dasein fristen; auch das ist bereits umfangreich dokumentiert.[30] Stattdessen stellt sich uns Anthony vor: »Aber mein Geschäftsname ist ›Tony Schrott‹.« Statt auf der Müllkippe befinden wir uns auf dem Owode Onirin Market, ebenfalls in Lagos in Nigeria. Hier werden keine Smartphones verkauft, sondern auseinandergenommen und in ihre Einzelteile zerlegt; Gold und Kupfer etwa werden von den Platinen gekratzt und gesammelt. Anthony nennt den Prozess: »dematerialization«. Für ihn heißt das, dass die Materialien für die Smartphone-Produktion nicht länger der Erde entnommen werden müssen, sondern eben aus alten Geräten. Die Abnehmer sind auf jeden Fall die gleichen: Chinesische Händler

29) Siehe Garnet Hertz und Jussi Parikka, »Zombie Media: Circuit Bending Media Archaeology into an Art Method«, *Leonardo* 45:5 (2012), S. 424–430

30) Siehe für Nigeria z. B. *The Digital Dump: Exporting Re-Use and Abuse to Africa* (Seattle: Basel Action Network, 2011), auch als Film: https://www.youtube.com/watch?v=8tVdTBnBXw0

kaufen nicht nur die Erze kongolesischer Kleinbergbauern, sondern auch die Metalle von »Tony Schrott«. Die Rohstoffe aus Afrika werden in China zu Smartphones, die in Afrika genutzt werden, nur um dann wieder zu Rohstoffen zu werden, die nach China geschifft werden, um dort zu neuen Smartphones zu werden. Ein (scheinbar) perfekter Kreislauf, von dem (fast) alle etwas haben.

KEIN TRAUERSPIEL?

Die ökologischen, sozialen und gesundheitlichen Folgen der Produktion von Smartphones sind häufig tragisch, ohne Frage. Das Aufdecken dieser Folgen scheint aber heute ähnlich wenig in Mode zu sein wie Mitleid erheischende Spendenaufrufe à la *USA for Africa* und *Band Aid*, von »Nackt im Wind« ganz zu schweigen. Das wird den verbitterten NGOs überlassen. Gerade im Internet vorgebrachte Kritik dreht zu oft leer (Kap. II) – und bleibt wirkungslos: »This world no longer needs explaining, critiquing, denouncing. We live enveloped in a fog of commentaries and commentaries on commentaries, of critiques and critiques of critiques of critiques, of revelations that don't trigger anything, other than revelations about the revelations.«[31] Für die Revolutionäre des »Unsichtbaren Komitees«, von der diese Kritik der Kritik stammt, zählt deshalb nur

31) The Invisible Committee, *Now*, übers. von Robert Hurley (South Pasadena, CA: Semiotext(e), 2017), S. 8

noch die Tat, das kollektive Handeln, um aus dem Zirkel des endlosen Kommentierens auszubrechen. Weniger radikale Kritiker der Kritik plädieren hingegen für ein Zeitalter der sogenannten Postkritik: Statt immer nur das Negative an einer Situation aufzudecken und damit womöglich noch zu verfestigen, sollte man die positiven Möglichkeiten, die einer Situation innewohnen, affirmieren und verstärken.[32]

Der Dokumentarfilm Kötters berichtet zwar über das Risiko für Leib und Leben der Bergbauarbeiter. So erzählt einer von ihnen: »Die Gefahren? Zuallererst der Tod. Und dann Knochenbrüche. Beim Abstieg in die Erdlöcher kann man leicht abrutschen. Entweder bricht man sich was oder verliert gleich das Leben. Oder ein Erdrutsch begräbt dich während der Arbeit.« Aber der Film verzichtet darauf, die weiteren, häufig desaströsen sozialökonomischen Bedingungen der Arbeit – moderne Formen der Sklaverei, Kinderarbeit, Gesundheitsschäden, Umweltzerstörung usw. – vor der Kamera auszubreiten, über die Organisationen wie Free the Slaves oder Amnesty International berichten.[33]

32) Siehe für eine deutlich komplexere Darstellung Rosi Braidotti, *Politik der Affirmation*, übers. von Elisa Barth (Berlin: Merve, 2018)

33) Siehe Free the Slaves, *The Congo Report: Slavery in Conflict Minerals*, www.freetheslaves.net/Document.Doc?id=243; *»This is what we die for«*, S. 19–32; vgl. auch Fuchs, *Digital Labour and Karl Marx*, S. 174–181

»Aber das meiste geht nach China.«

In einem Gespräch über den Film erläutert Kötter, dass er die explizite Darstellung afrikanischer Armut mit Bedacht ausgelassen hat.[34] Die Dramaturgie des Films weist den Dargestellten keine Opferrolle zu, die einen (vermutlich weißen, vielleicht auch männlichen) Retter erwarten ließe. Stattdessen soll gezeigt werden, dass die Menschen vor Ort selbst ein gewisses Maß an Handlungsmacht besitzen; dass sie eben durchaus in der Lage sind, den widrigen Umständen zum Trotz ihr Schicksal selbst in die Hände zu nehmen; dass sie selbst die Subjekte ihrer Geschichte sind. »Opfer« ist nicht nur im Deutschen ein beliebtes Schimpfwort geworden.[35] Machen ist die bessere Alternative.

Nun ist es fraglos notwendig, die Darstellungsmechanismen einer eurozentrischen und oftmals neokolonialen Entwicklungshilfe zu hinterfragen. Die Szenen aus Nigeria brechen etwa mit den Bildern der Armut, die häufig die Darstellung Afrikas dominieren. Europäischen Zuschauer*innen werden mit solchen Bildern der Armut leicht in die Rolle des moralisch verpflichteten, zivilisiert-überlegenen Retters gesetzt (*white burden*, *white savior*) und können sich womöglich an ihrer Fähigkeit zu helfen ergötzen. So wird es tatsächlich schwierig, etablierte Hierarchien zu durchbrechen.

34) Mala Reinhardt, »Diskussionsprotokoll 4, 6. 11. 2018: Chinafrika.Mobile«, *Duisburger Filmwoche 42*, www.duisburger-filmwoche.de/festival18/protokolle.html

35) Siehe The Invisible Committee, *Now*, S. 9

Eine Darstellung, die sich zu sehr auf die Handlungsmacht der lokalen Akteure konzentriert, ist aber ebenfalls nicht unproblematisch, denn sie birgt die Gefahr, dem Geflecht von globaler Ökonomie, geologischer Verteilung und digitalen Technologien eine eigene Handlungsmacht abzusprechen. Was bei der Konzentration auf die Handlungsmacht einzelner zu kurz zu kommen droht, ist die Tatsache, dass Menschen zwar die Subjekte ihrer eigenen Geschichte sind, aber eben, wie es so schön heißt, nur unter Umständen, die sie nicht selbst geschaffen haben – und die ihre Subjektwerdung nicht unbedingt begünstigen. Erst ein Verständnis der Dialektik von Freiheit und Bedingtheit eröffnet die Möglichkeit von Politik. Nur wenn weder Armutsdeterminismus noch Handlungsfreiheit als gesetzt gelten, kann es zu Aushandlungen kommen.[36]

»We miners take our lives in our hands, save nothing, and believe only in luck.« Mit diesem Zitat beschreiben zwei amerikanische Sozialwissenschaftler die Ergebnisse ihrer Studie zu den Menschen- und Arbeitsrechten im ostkongolesischen Kleinbergbau: Die Akteure nehmen ihr Leben in die eigenen Hände, aber es gibt nichts zu gewinnen. Ihr Schicksal liegt zwar auch nicht in unseren

36) Siehe Sean Cubitt, *Finite Media: Environmental Implications of Digital Technologies* (Durham, NC: Duke University Press, 2017), S. 183

Händen, aber ihr Leben ist abhängig vom Smartphone, das wir in unserer Hand halten.[37]

IM SCHATTEN: EUROPA

Einer bleibt außen vor beim chinafrikanischen Smartphone-Kreislauf: »Europa« (gemeint ist damit das – ehemalige? – Zentrum des fordistischen, kapitalgetriebenen Industriezeitalters: Westeuropa + USA). Europa liefert weder Rohstoffe noch zeichnet es sich durch Produktionsstätten von Smartphones aus und erscheint deshalb als irrelevant. Dass Asien und Afrika das Recht haben, sich aus asiatischer bzw. afrikanischer Sicht zu verstehen, steht außer Frage. Auch will ich nicht bewerten, wer von der Afrika-China-Liaison am meisten profitiert. Wie bereits in den vorherigen Kapiteln interessiert mich vor allem, was die globalisierende Digitalisierung in den Schatten stellt, und das heißt in diesem Fall: *uns*.

China und die Demokratische Republik Kongo nehmen im Film altbekannte Rollen ein, wie wir sie

37) Daniel Rothenberg und Ben Radley, »›We Miners Take Our Lives in Our Hands, Save Nothing and Believe Only in Luck.‹ The Lived Experience of Human Rights and Labor Violations in Select Artisanal Mining Sites in North and South Kivu« (Heartland Alliance for Human Needs and Human Rights and Center for Law and Global Affairs and The School of Politics and Global Studies at Arizona State University, 2014)

vom alten Europa und seinen Kolonien her kennen. Im Kongo finden wir Rohstoffe und Körperkraft, in China Produktfertigung und Feinwerkzeug. Die filmische Darstellung verstärkt diese Unterschiede: Afrika ist Haut und Draußen (natürliches Licht), China ist Innen (künstliches Licht) und Uniform; die Verhältnisse in Afrika scheinen so einfach wie offensichtlich (direkte Darstellung, klare Perspektiven), in China scheint alles so komplex, dass es undurchsichtig bleibt (Bild- und Tonverzerrung, opake Perspektiven). Das simple Rohe auf der einen Seite, das komplizierte Zivilisierte auf der anderen – Europa bleibt ausgeschlossen und unsichtbar.

Europa wird nicht dargestellt; wir sehen keine Europäer*innen und es kommen keine Europäer*innen zu Wort. Selbst hinter der Kamera gibt es keine Europäer; alle Aufnahmen stammen von den Beteiligten selber, von Chinesen, Kongolesen und Nigerianern. (Es sind tatsächlich alles nur Männer: Frauen scheinen noch im Schatten des Schattens zu stehen.) »Alle Aufnahmen«, so heißt es im Protokoll einer Podiumsdiskussion mit Daniel Kötter, »wurden von Menschen produziert, die selbst am Produktionsprozess und Lebenszyklus eines Handys beteiligt sind.«[38] Wobei das im Detail nicht ganz stimmt: Im Gespräch erläutert Kötter, dass er das Interview mit dem kongolesischen Journalisten geführt hat, der im Voice-Over die Produktions-

38) Reinhardt, »Diskussionsprotokoll 4, 6. 11. 2018: *Chinafrika.Mobile*«

verhältnisse umzudrehen sucht. Auch gibt Kötter an, bei den Aufnahmen auf dem nigerianischen Schrottmarkt nur wenige Meter hinter der Kamera postiert gewesen zu sein.[39] Und natürlich: Kötter hat die Protagonisten ausgewählt, er hat sie instruiert; er hat das Material ausgewertet, sortiert und geordnet – doch das sieht man eben nicht so einfach.

Trotz der visuellen Abwesenheit ist Europa im Film aber dennoch weiterhin präsent. Umgekehrt zum Smartphone, dass am Ende des Films zum reinen, wiederverwertbaren Material wird, wenn es seine Funktion verliert, so wird Europa im Film zur reinen Funktion, wenn es seine materielle Präsenz verliert. Immer wieder wird im Film auf Europa bzw. die USA verwiesen: Es wird der technische Durchbruch dank MP3 zitiert (entwickelt vom deutschen Fraunhofer-Institut); Apple wird als Goldstandard herangezogen; »Tony Schrott« hat »Computerwissenschaften in Großbritannien« studiert; man spricht Französisch (im Kongo) und Englisch (in Nigeria); auf dem Smartphone wird FIFA gespielt, dazu Coca-Cola getrunken.

Während China die Rolle der alten Industrienationen eingenommen hat, die ihr Proletariat ausbeuten, bleibt dem Kongo weiterhin nur die Ausbeutung der natürlichen Ressourcen. Westeuropa-

39) Mündlich im Filmgespräch nach der Vorführung von *Chinafrika.Mobile* auf der 16. Dokumentarfilmwoche Hamburg, 7. 4. 2019

USA hingegen ist in erster Linie als undarstellbarer Informationsbroker tätig: Hier werden Daten gesammelt und verkauft, hier wird verwertbares Wissen in Form von Bildung verkauft, hier wird der Content der Unterhaltungsbranche produziert, hier wird Software programmiert, hier werden Lizenzen und Patente vergeben usw. Zwar werden die Akkus mit kongolesischem Kobalt nicht in Europa produziert, aber das Prinzip der Lithiumionen-Akkus wurde in den Labors des US-amerikanischen Ölriesen Exxon und der britischen Universität in Oxford entwickelt; gerade gab es dafür einen Nobelpreis.

Wenn in Europa überhaupt noch Dinge produziert werden, dann überwiegend solche, die angereichert werden mit der besonderen Bedeutung und dem symbolisch-immateriellen Kapital von traditionellen Marken, geschichtsträchtigen Regionen und mythischen Geschichten.[40] Die größten Gewinne werden dieser Tage jedoch durch so intransparente wie unsichtbare Finanzgeschäfte generiert und die meisten Stakeholder von Google, Facebook, Microsoft und Apple sitzen in ›Europa‹. »Semiocapitalism divides its derivation of wealth from handling symbols in two sectors«, schreibt Sean Cubitt: »One sector operates through international

40) Vgl. Luc Boltanski und Arnaud Esquerre, »The Economic Life of Things: Commodities, Collectibles, Assets«, *New Left Review* 98 (März/April 2016), S. 31–54

regimes of patents, copyrights, trademarks, and designs, the other through finance and computerized algorithmic (›algo‹) trading.«[41] Beide Formen des Umgangs mit Zeichen sind (noch) in europäischer Hand – aber die Wertschöpfung basiert auf materiellen Prozessen, die anderswo stattfinden. Kein Highspeed-Trading ohne Glasfaserkabel, die industriell produziert und mit großem Aufwand verlegt werden müssen (Kap. III). Der durch geistiges Eigentum, Aktien, Markenrechte, digitale Automatisierung, Software-Knowhow usw. hervorgebrachte Wohlstand bleibt sowohl regional als auch innerhalb lokaler Gemeinschaften ungleich verteilt.

Und wo sind jetzt wir, die Freunde der Smartphone-App? Unsichtbar? Unverantwortlich? Wir wissen, was in Afrika und China vor sich geht; giftige E-Müllberge und Ausbeutung von Arbeitern und Arbeiterinnen machen regelmäßig Schlagzeilen. Wir wissen auch, was aus denen wird, die keine Arbeit mehr haben. Aber was kümmert es uns? Das wird der Markt regeln, wenn die Konsument*innen nur richtig informiert sind, heißt es hier; das muss die Politik mit den Produzenten regeln, heißt es da, und darf nicht auf die Konsument*innen abgewälzt werden. Und sowieso: Prozesse der Weltwirtschaft oder des Klimawandels sind viel zu komplex, als dass sie auf bewertbare Handlungen Einzelner runterzurechnen wären. »Bei mir kommt erst der Akku

41) Cubitt, *Finite Media*, S. 112

und dann später die Moral.«[42] Aber sind wir wirklich nur die Verbraucher, die außen vor bleiben im Produktionsprozess, außerhalb der materiellen Zusammenhänge? Haben wir es uns im Schatten gemütlich gemacht, dort wo Auswirkungen von Globalisierung und Digitalisierung auf Arbeit und Umwelt noch am besten erträglich sind?

TOUCH ME (I WANT YOUR BODY)

Dem Film von Daniel Kötter gelingt es, das Smartphone in seiner Stellung innerhalb eines globalen Wirtschaftsgeflechts sichtbar zu machen und zudem die Akteure in diesem Geflecht zu Wort kommen zu lassen. Wir hingegen kommen nicht zur Darstellung. Aber: Auch wenn wir nicht in den Minen oder Fabriken arbeiten, nicht im Handel tätig sind und selbst wenn wir nicht als Software-Developer, Medienschaffende oder Ähnliches an der gewerblichen Produktion von Content beteiligt sind – auch als vermeintlich reine Nutzer von Smartphones sind wir an der Produktion von Daten beteiligt, dem Rohstoff der neuen Ökonomie: »Simply put, we should consider *data* to be the raw material that must be extracted.«[43] Wenn wir mit einem Uber

42) Deichkind, *Wer Sagt Denn Das?* (Sultan Günther Music, 2019)

43) Nick Srnicek, *Platform Capitalism* (Cambridge: Polity, 2017), S. 40

durch die Stadt fahren, dann sind wir Konsumenten, die zahlen, Arbeiter, die Daten erschaffen und dafür nicht entlohnt werden, und letztlich auch Produzenten, die dank unseres spezifischen kulturellen Kapitals die Algorithmen verbessern, ohne sie ihr Eigen nennen zu können.

Auch wir sind also Teil der Blackbox Smartphone, bleiben aber im Dokumentarfilm unsichtbar, werden nicht ans Licht geholt und kommen nicht zu Wort. Wir benutzen die Smartphones angeblich ja nur. So unterläuft *Chinafrika.Mobile* zwar einerseits die »Funktionslogik der Medien«, indem der Film das materielle Vor- und Nachleben der Smartphones sichtbar macht, folgt ihr aber auch, indem er den Körper des Nutzers von der Materialität des Mediums entkoppelt. Die Anziehungskraft der Masseninteraktion (Kap. II) entzieht uns auch nach *Chinafrika.Mobile* dem Netzwerk der Technologie: »As apps fasten us to our devices, they withdraw us momentarily from our larger world, the pressures of everyday life as well as the specific sites and transactions that constitute global capitalism's technology supply chains«, so noch einmal Jodi Dean.[44] Und weil uns das virtuelle Mitmachen eine

44) Jodi Dean, »Apps and Drive«, in: *Theories of the Mobile Internet. Materialities and Imaginaries*, Hg. Andrew Herman, Jan Hadlaw und Thom Swiss (New York, London: Routledge, 2015), S. 232–247, hier S. 233

Pause von der realen Welt verspricht, machen wir gerne mit bei der Herstellung von Daten, obwohl wir wissen, dass an unseren Masseninteraktionen nicht nur andere Menschen beteiligt sind, sondern Maschinen, die mitlesen, mitreden und auswerten. Irgendwie haben wir uns damit abgefunden: »Wer sich von den Standardisierungen, Zensursystemen, Nutzungsbedingungen, Templates, algorithmischen Prozessen und Datenbank-basierten Vernetzungen regieren lässt, hat sich in der Logik der Kontrolle durch Protokolle eingerichtet.«[45]

Eines ist aber doch merkwürdig: Im Gegensatz zur Infrastruktur der Glasfaserkabel, Internetknoten, Server, Repeater, Exchanges, Funkmasten usw. wird das Smartphone als Zugangsmedium immer präsenter und sichtbarer. Keineswegs darf das Medium nämlich völlig verschwinden, wenn wir die Touchscreens in ihrer vollen Funktionalität nutzen wollen. Ständig streichen wir über den Bildschirm, um Fotos lustig zu verändern, Karten zu vergrößern oder Spielfiguren zu lenken, wischen, um den nächsten Partner zu finden, legen den Daumen auf, um uns per Fingerabdruck anzumelden

45) Oliver Leistert, »Social Bots als algorithmische Piraten und als Boten einer techno-environmentalen Handlungskraft«, übers. von Moritz Plewa, in: *Algorithmuskulturen. Über die rechnerische Konstruktion der Wirklichkeit*, Hg. Robert Seyfert und Jonathan Roberge (Bielefeld: transcript, 2017), S. 215–234, hier S. 230

usw.[46] Jeder Touchscreen verkörpert das Versprechen, dass wir nicht nur Empfänger sein können, sondern aktiv an der Gestaltung von Bildern, Nachrichten und Welten mitwirken dürfen.[47] Um zu funktionieren, darf das Smartphone also nicht verschwinden. Die herkömmliche Funktionslogik der Medien und die Ideologie des Immateriellen kommen so an ihr Ende.

Um Möglichkeiten der gesellschaftlichen Veränderung sichtbar zu machen, müssen wir anerkennen, dass auch wir mit den im Film gezeigten geologischen Voraussetzungen und den materiellen Bedingungen der Verarbeitung verbunden sind: Wir streicheln das brasilianische Aluminium der Glasoberfläche mit unseren Fingern und halten das kongolesische Kobalt des Akkus fest in unserer Hand. Anzuerkennen, dass wir nicht Nutzer, sondern aktiver Teil des Systems Smartphone sind, gelingt nur, wenn wir die Materialität aus dem Schatten holen – und uns selbst. Die Tränen, die wir über

46) Siehe Stefan Werning, »Swipe to Unlock. How the Materiality of the Touchscreen Frames Media Use and Corresponding Perceptions of Media Content«, *Digital Culture and Society* 1:1 (2015), S. 55–71

47) Vgl. Nanna Verhoeff, »Grasping the Screen: Towards a Conceptualization of Touch, Mobility and Multiplicity«, in: *Tracing New Media in Everyday Life and Technology*, Hg. Marianne van den Boomen u. a. (Amsterdam: Amsterdam University Press, 2009), S. 209–222

das Leid der anderen vergießen, vermischen sich allzu leicht mit den Tränen über die eigene Rührung. Wir sollten uns unsere Tränen für uns selbst aufsparen, nicht über die Welt reden, sondern aus ihr heraus.[48] Dann erübrigt sich auch die Frage, ob wir als Konsumenten etwas tun können oder über die Politik auf die Produzenten einwirken sollten: Wir sind beides selbst – *unsere* Veränderung ist (auch eine Veränderung der) Politik.

Ein allerletztes Beispiel: Wenn man ein Video mit Snapchat aufnehmen möchte, dann muss der Finger auf dem Aufnahmeknopf bleiben, auf dem Touchscreen. Wir schalten keine Kamera an, die läuft, bis wir den Knopf ein zweites Mal drücken. Die Maschine läuft nicht ohne uns, sie ist gerade kein Automat. Endet die Berührung, endet die Aufnahme. Es ist unser Touch, der das Smartphone antreibt. Das Smartphone braucht uns, um zu laufen. Die Mineralien der Welt würden nicht zueinander finden, wenn unsere Haut nicht den Bildschirm berühren wollte. Doch das will sie mehr als alles andere, weil dahinter ein anderes ist, das nur durch uns Welt wird – und das alles in den Schatten stellt.

48) Vgl. The Invisible Committee, *Now*, S. 11

AUSWAHLBIBLIOGRAFIE

Bateson, Gregory, *Ökologie des Geistes. Anthropologische, psychologische, biologische und epistemologische Perspektiven*, übers. von Hans Günter Holl (Frankfurt am Main: Suhrkamp, 1981 [1972])

Blanchette, Jean-François, »A Material History of Bits«, *Journal of the American Society for Information Science and Technology*, 62:6 (2011), S. 1042–1057

Blum, Andrew, *Kabelsalat: wie ich einem kaputten Kabel folgte und das Innere des Internets entdeckte*, übers. von Richard Barth (München: Knaus, 2012)

Briziarelli, Marco, »Spatial Politics in the Digital Realm: the Logistics/Precarity Dialectics and Deliveroo's Tertiary Space Struggles«, *Cultural Studies* 33:5 (2019), S. 823–840

Brophy, Enda, und Greig de Peuter, »Labors of Mobility: Communicative Capitalism and the Smartphone Cybertariat«, in: *Theories of the Mobile Internet. Materialities and Imaginaries*, Hg. Andrew Herman, Jan Hadlaw und Thom Swiss (New York, London: Routledge, 2015), S. 60–84

Chun, Wendy Hui Kyong, *Control and Freedom. Power and Paranoia in the Age of Fiber Optics* (Cambridge, MA: MIT, 2006)

Cubitt, Sean, *Finite Media: Environmental Implications of Digital Technologies* (Durham, NC: Duke University Press, 2017)

Dean, Jodi, »Apps and Drive«, in: *Theories of the Mobile Internet. Materialities and Imaginaries*, Hg. Andrew Herman, Jan Hadlaw und Thom Swiss (New York, London: Routledge, 2015), S. 232–247

Dean, Jodi, *Blog Theory: Feedback and Capture in the Circuits of Drive* (Cambridge: Polity, 2010)

Debray, Régis, *Media Manifestos. On the Technological Transmission of Cultural Forms*, übers. von Eric Rauth (London: Verso, 1996 [1994])

Fuchs, Christian, *Digital Labour and Karl Marx* (New York: Routledge, 2014)

Hertz, Garnet, und Jussi Parikka, »Zombie Media: Circuit Bending Media Archaeology into an Art Method«, *Leonardo* 45:5 (2012), S. 424–430

Kieserling, André, *Kommunikation unter Anwesenden: Studien über Interaktionssysteme* (Frankfurt am Main: Suhrkamp, 1999)

Kittler, Friedrich, *Grammophon, Film, Typewriter* (Berlin: Brinkmann & Bose, 1986)

Klose, Alexander, *Das Container-Prinzip: wie eine Box unser Denken verändert* (Hamburg: Mare, 2009)

Krämer, Sybille, »Selbstzurücknahme. Reflexionen über eine medientheoretische Figur und ihre (möglichen) anthropologischen Dimensionen«, in: *Ökonomien der Zurückhaltung. Kulturelles Handeln zwischen Askese und Restriktion*, Hg. Barbara Gronau und Alice Lagaay (Bielefeldt: transcript, 2010), S. 39–52

Laak, Dirk van, *Alles im Fluss: die Lebensadern unserer Gesellschaft. Geschichte und Zukunft der Infrastruktur* (Frankfurt am Main: Fischer, 2018)

Leistert, Oliver, »Social Bots als algorithmische Piraten und als Boten einer techno-environmentalen Handlungskraft«, übers. von Moritz Plewa, in: *Algorithmuskulturen. Über die rechnerische Konstruktion der Wirklichkeit*, Hg. Robert Seyfert und Jonathan Roberge (Bielefeld: transcript, 2017), S. 215–234

Leistert, Oliver, *Mobile Media: Protest and Surveillance. On the Political Rationality of Ubiquitous Individual Connectivity*, Dissertation, Paderborn 2012, http://digital.ub.uni-paderborn.de/hsx/content/titleinfo/555530

Lovink, Geert, *Digitaler Nihilismus. Thesen zur dunklen Seite der Plattformen*, übers. von Petra Ilyes und Andreas Kallfelz (Bielefeld: transcript, 2018)

Lovink, Geert, *Networks Without a Cause: A Critique of Social Media* (Cambridge: Polity, 2011)

Luhmann, Niklas, *Die Gesellschaft der Gesellschaft* (Frankfurt am Main: Suhrkamp, 1997)

Luhmann, Niklas, *Soziale Systeme: Grundriß einer allgemeinen Theorie* (Frankfurt am Main: Suhrkamp, 1984)

Mathews, Gordon, »Chungking Mansions: A Center of ›Low-End Globalization‹«, *Ethnology* 46:2 (2007), S. 169–183

Mattelart, Armand, *Kleine Geschichte der Informationsgesellschaft*, übers. von Stefan Leitner (Berlin: Avinus, 2003 [2001])

Mattelart, Armand, *Networking the World, 1794–2000*, übers. von Liz Carey-Libbrecht und James A. Cohen (Minneapolis: University of Minnesota Press, 2000 [1996])

Morley, David, *Communications and Mobility. The Migrant, the Mobile Phone and the Container Box* (Hoboken, NJ: Wiley-Blackwell, 2017)

Papsdorf, Christian, *Internet und Gesellschaft: Wie das Netz unsere Kommunikation verändert* (Frankfurt am Main: Campus, 2013)

Parks, Lisa, »Around the Antenna Tree: The Politics of Infrastructural Visibility«, *Flow*, 6. 3. 2009, http://www.flowjournal.org/2010/03/flow-favorites-around-the-antenna-tree-the-politics-of-infrastructural-visibilitylisa-parks-uc-santa-barbara/

Parks, Lisa, und Nicole Starosielski, »Introduction«, in: *Signal Traffic. Critical Studies of Media Infrastructure*, Hg. dies. (Urbana: University of Illinois Press, 2015), S. 1–27

Rowe, John Carlos, »Cybercowboys on the New Frontier: Freedom, Nationalism, and Imperialism in the Postmodern Era«, *The Information Society* 12:3 (1996), S. 309–314

Schröter, Jens, »The Internet and ›Frictionless Capitalism‹«, *tripleC* 10:2 (2012), S. 302–312

Schünemann, David, *Die Social-Coding-Revolution. Masseninteraktionen in der kollaborativen Softwareentwicklung* (Wiesbaden: Springer VS, 2018)

Srnicek, Nick, *Platform Capitalism* (Cambridge: Polity, 2017)

Star, Susan Leigh, »The Ethnography of Infrastructure«, *American Behavioral Scientist* 43:3 (1999), S. 377–391

Starosielski, Nicole, »Pipeline Ecologies. Rural Entanglements of Fiber-Optic Cables«, in: *Sustainable Media. Critical Approaches to Media and Environment*, Hg. Nicole Starosielski und Janet Walker (New York, London: Routledge, 2016), S. 38–55

Starosielski, Nicole, *The Undersea Network* (Durham, NC: Duke University Press, 2015)

The Invisible Committee, *Now*, übers. von Robert Hurley (South Pasadena, CA: Semiotext(e), 2017)

Turner, Fred, *From Counterculture to Cyberculture: Stewart Brand, the Whole Earth Network, and the Rise of Digital Utopianism* (Chicago, IL: University of Chicago Press, 2006)

Verhoeff, Nanna, »Grasping the Screen: Towards a Conceptualization of Touch, Mobility and Multiplicity«, in: *Tracing New Media in Everyday Life and Technology*, Hg. Marianne van den Boomen u. a. (Amsterdam: Amsterdam University Press, 2009), S. 209–222

Watzlawick, Paul, Janet H. Beavin und Don D. Jackson, *Menschliche Kommunikation: Formen, Störungen, Paradoxien* (Bern: Huber, 1969 [1967])

Werning, Stefan, »Swipe to Unlock. How the Materiality of the Touchscreen Frames Media Use and Corresponding Perceptions of Media Content«, *Digital Culture and Society* 1:1 (2015), S. 55–71

Wise, J. Macgregor, »A Hole in the Hand. Assemblages of Attention and Mobile Screens«, in: *Theories of the Mobile Internet. Materialities and Imaginaries*, Hg. Andrew Herman, Jan Hadlaw und Thom Swiss (New York, London: Routledge, 2015), S. 212–231

Angegeben sind die jeweiligen Quellen und Rechteinhaber, ggfs. die Institutionen, die die Bildquelle veröffentlicht oder vervielfältigt haben bzw. in deren Räumen eine Vervielfältigung vorgenommen wurde.

Seite 10, 11: *Cuxhavener Nachrichten*, 26. 11. 1983, Niedersächsisches Landesarchiv, Standort Stade

Seite 14: Werner Klugmann, *Hafen Hamburg – Datenkommunikationssystem: Dakosy* (Hamburg: Hamburg-Information, 1982), o. S., Staats- und Universitätsbibliothek Hamburg

Seite 20, 31: Seeamtsakte Ever Level, Staatsarchiv Hamburg

Seite 25: *Dithmarscher Rundschau*, 30. 11. 1983, Stadtarchiv Brunsbüttel

Seite 26: *Marner Zeitung*, 1. 12. 1983, Landesbibliothek Schleswig-Holstein

Seite 28: *Hamburger Abendblatt*, 29. 11. 1983, Staats- und Universitätsbibliothek Hamburg

Seite 36: nightfallcrew.com

Seite 98, 100, 102, 104: *La terre des âmes errantes* (Fr, 2000), Bophana Audiovisual Resource Center

Seite 154, 155: globalmedia.mit.edu

Seite 160, 164, 172, 178, 182, 186: *Chinafrika.Mobile* (D, 2017), Daniel Kötter